"十四五"职业教育国家规划教材

中等职业学校公共基础课程教材

U0587425

体育与健康

主　编　杨　桦　胡　红

副主编　黄诚胤　邓莉莉

参　编　王文兵　宋鲁川　李飞辉

　　　　徐　稷　李　果　吴彦哲

　　　　何　令　张园婷　张俊生

　　　　张晓林　张瑞光　蒋惟劼

主　审　孙麒麟　陈小蓉

重庆大学出版社

图书在版编目（CIP）数据

体育与健康 / 杨桦, 胡红主编. –– 4版. –– 重庆：
重庆大学出版社, 2022.8 （2024.7重印）
ISBN 978-7-5689-3227-1

Ⅰ.①体… Ⅱ.①杨…②胡… Ⅲ.①体育—中等专
业学校—教材②健康教育—中等专业学校—教材 Ⅳ.
①G634.961

中国版本图书馆CIP数据核字（2022）第059872号

体育与健康
（第四版）

主　编　杨　桦　胡　红
副主编　黄诚胤　邓莉莉
主　审　孙麒麟　陈小蓉

责任编辑：杨　漫　陈　曦　陈一柳　唐启秀　　版式设计：刘　维
责任校对：关德强　　　　　　　　　　　　　　责任印制：赵　晟

＊

重庆大学出版社出版发行
出版人：陈晓阳
社址：重庆市沙坪坝区大学城西路21号
邮编：401331
电话：（023）88617190　88617185（中小学）
传真：（023）88617186　88617166
网址：http://www.cqup.com.cn
邮箱：fxk@cqup.com.cn（营销中心）
全国新华书店经销
重庆升光电力印务有限公司印刷

＊

开本：889mm×1194mm　1/16　印张：14.5　字数：326千
2009年6月第1版　2022年8月第4版　2024年7月第43次印刷
ISBN 978-7-5689-3227-1　定价：31.00元

出版说明

为贯彻党的二十大精神，落实《中华人民共和国职业教育法》规定，深化职业教育"三教"改革，全面提高技术技能型人才培养质量，按照《职业院校教材管理办法》《中等职业学校公共基础课程方案》和有关课程标准的要求，在国家教材委员会的统筹领导下，根据教育部职业教育与成人教育司安排，教育部职业教育发展中心组织有关出版单位完成对数学、英语、信息技术、体育与健康、艺术、物理、化学7门公共基础课程国家规划新教材修订工作，修订教材经专家委员会审核通过，统一标注"十四五"职业教育国家规划教材（中等职业学校公共基础课程教材）。

修订教材根据教育部发布的中等职业学校公共基础课程标准和国家新要求编写，全面落实立德树人根本任务，突显职业教育类型特征，遵循技术技能人才成长规律和学生身心发展规律，聚焦核心素养、注重德技并修，在教材结构、教材内容、教学方法、呈现形式、配套资源等方面进行了有益探索，旨在推动中等职业教育向就业和升学并重转变，打牢中等职业学校学生的科学文化基础，提升学生的综合素质和终身学习能力，提高技术技能人才培养质量，巩固中等职业教育在职业教育体系中的基础地位。

各地要指导区域内中等职业学校开齐开足开好公共基础课程，认真贯彻实施《职业院校教材管理办法》，确保选用本次审核通过的国家规划修订教材。如使用过程中发现问题请及时反馈给出版单位，以推动编写、出版单位精益求精，不断提高教材质量。

中等职业学校公共基础课程教材建设专家委员会

2023年6月

第四版前言

中等职业学校体育与健康课程是面向全体中职学生开设的公共基础课程，是以身体练习为主要手段，以体育与健康知识、技能和方法的传授为主要内容，以培养学生核心素养和促进学生身心健康发展为主要目标的综合性课程。本教材自2009年出版以来在全国各地众多学校使用，受到师生们的广泛好评。为了落实《中等职业学校公共基础课程方案》和《中等职业学校体育与健康课程标准》（2020年版）的要求，我们对教材进行了全面修订改版，使其符合技术技能型人才的成长规律，更好地体现职业教育特色，贯彻落实党的二十大报告中指出的"广泛开展全民健身活动，加强青少年体育工作，促进群众体育和竞技体育全面发展，加快建设体育强国"的精神。

本教材分为基础模块和拓展模块。基础模块介绍了体育的功能、蓬勃发展的中国体育、新时代的中职体育教育、健康知识、运动安全与防护、疾病预防等体育与健康基础知识，以及发展体能的训练方法。拓展模块分为A、B两个部分：拓展模块A主要介绍了田径、足球、篮球、排球、乒乓球、羽毛球、网球、太极拳、散打、花样跳绳、跆拳道、轮滑、啦啦操、保健操这些运动项目的技能和方法；拓展模块B介绍了户外运动、游泳、冰雪运动，以及民族民间传统体育运动项目的八段锦、五禽戏、毽球、龙舞的运动技能和方法。

本教材具有以下特点：

1.将"立德树人"贯穿全书

本教材在引导学生学习体育与健康知识、技能和方法时，将"立德树人"培养目标、课程思政教育融入教学全过程，注意体现中国优秀传统体育文化精髓，培养爱国情怀，增强文化自信和认同感，引领学生自觉践行社会主义核心价值观。通过介绍重要赛事、中国传统体育文化项目和优秀运动员，潜移默化地让学生学会运动、学会坚持、学会团结，养成终身体育锻炼的习惯，成为德智体美劳全面发展的社会主义建设者和接班人。

2.注重体现学科核心素养

体育与健康学科的三大核心素养是运动能力、健康行为和体育精神。本教材从教学目标、课程实施到学习评价的各个环节都紧紧围绕这三大核心素养，将健康知识贯穿全书，让学生具备维护个人健康的能力，养成良好的生活习惯；把"学""练""赛"很好地结合起来，让学生掌握锻炼身体的科学方法和1~2项体育运动技能，提高身体素质，为健康生活和未来职业生涯打下基础；无论是运动技能的讲解，还是励志人物的介绍，都着力体现体育的健身价值、社会价值，培养学生勇敢顽强、敢于挑战、坚韧不拔、团结协作、健康向上的优秀品质和奥林匹克体育精神。

3. 具有鲜明的职教特色

本教材在各个运动项目中，注意介绍该运动项目与职业岗位的适应性，以便学生选择与职业相关的运动作为终身体育锻炼项目。尤其是在发展职业体能方面，让学生了解未来工作岗位的职业特点与体能要求，学会制订自己的职业体能锻炼方案。作者团队开发了一系列利用工作场地和工作器材因地制宜进行职业体能锻炼的方法，有利于学生利用工间、课间进行有针对性的职业体能锻炼。

4. 采用新颖的编写形式

本教材采用引导式编写方式，引导学生由浅入深地开展学习，以期达到"学会、勤练、常赛"的要求。教材从"项目引导"开始，通过"认识这项运动""学习基本技战术""学打比赛""欣赏这项运动"来层层铺开，每一个技术动作都有精彩图片呈现，配以"动作要领""练一练""比赛"，帮助学生掌握该项运动技术，积极参与该项运动，学会欣赏该项比赛，进而培养对该项运动的兴趣，养成终身锻炼的好习惯。同时，将趣味运动也融入每一个具体运动项目中，以便学校、学生组织趣味运动会，推动体育运动的开展。每一名学生都将对自己所学情况进行技能测评和知识测评，并从三大核心素养角度进行学习评价、学业水平综合评价。

针对现代社会人们生活方式的现状，书中特别增加了居家锻炼方法和保健操的内容，供学生参考。

5. 配有丰富的数字资源

本教材配有丰富的数字资源。书中的图片、数字资源中的视频由专业运动员、一线骨干教师参与拍摄，他们中有世界冠军、全国冠军等，动作准确、姿态优美。重庆大学出版社数字资源平台上还提供了本教材的教学微课、教学设计等资源，力求使教材好教、好学、好练。

本教材由杨桦、胡红担任主编，黄诚胤、邓莉莉担任副主编，参加编写的人员有王文兵、宋鲁川、李飞辉、徐稷、李果、吴彦哲、何令、张园婷、张俊生、张晓林、张瑞光、蒋惟劼。孙麒麟、陈小蓉担任主审。在编写中还参考和引用了相关文献资料。在此，对各位专家及为本教材提供帮助与支持的同仁致以衷心的感谢。

为了使本教材跟上职业教育发展的步伐，保持思想性、科学性和适应性，希望广大师生提出宝贵意见，以便我们及时修订完善，不断提高教材质量。对于帮助我们发现书中错漏的师生，我们将给予奖励。联系人：杨漫；电话：023-88617078，13650508526；邮箱：yangman@cqup.com.cn。

编者

2023年3月

目 录

学习水平评价

参考文献

第十一章　散打

第十二章　花样跳绳·跆拳道·轮滑

第十三章　啦啦操·保健操

拓展模块 B

第十四章　户外运动·游泳运动·
#　　　　　　冰雪运动

第十五章　民族民间传统
#　　　　　　体育运动

基础模块

第一章

基础知识

学习目标

● 了解体育的功能、领会体育精神的内涵，认识新时代中职体育的特点。

● 了解生活方式与身体健康的关系，养成健康文明的生活习惯。

● 掌握促进健康的方法，培养自我健康管理的意识。

● 掌握常见运动损伤的预防与处理、应急避险的知识和方法。

第一节　　认识体育

一、体育的概念

什么是体育？一般人认为体育就是"打篮球""踢足球""上体育课"，这也许是对体育最朴素的描述。

20世纪20年代以后，世界上许多国家陆续将学校"体操"课改为"体育"课，"体育"一词才开始被普遍使用。随着社会发展，"体育"（Physical Education，简称P.E.）是教育的一个组成部分的观念已被广泛接受，但这个概念还不能概括当今体育的全部内容。因此，一部分学者又倾向于使用"Sports"来作为体育的概念，为此，学界展开了不小的争鸣。国际体育界到目前为止，还没有一个权威的统一的体育概念。

《辞海》对体育的解释：狭义的体育指身体教育，即以强身、医疗保健、娱乐休息为目的的身体活动。它与德育、智育、美育、劳动教育相配合，五育并举，形成一个整体。广义的体育指体育运动，包括身体教育、竞技运动和身体锻炼三个方面，它们均以身体活动为基本手段来锻炼身体，促进健康，增强体质，并具有教育、教学和训练作用，以及提高技术和竞赛的水平。

《中国大百科全书》对体育的解释：体育是随着人类社会的发展而产生和发展的。原始人类在为生存而同自然界进行的斗争中，发展了走、跑、跳、投掷、攀登、游泳以及其他各种技能。原始人类的这些技能与现代人的体育活动，都是身体的活动，其区别在于前者主要用以谋生，后者主要用以锻炼身体。体育作为一个学科领域，是随着社会生活和生产的不断发展而逐步建立和发展起来的。

二、体育的功能

毛泽东在《体育之研究》里写道："体育之效，至于强筋骨，因而增知识，因而调感情，因而强意志。"习近平总书记在教育文化卫生体育领域专家代表座谈会上强调："加强学校体育工作，推动青少年文化学习和体育锻炼协调发展，帮助学生在体育锻炼中享受乐趣、增强体质、健全人格、锤炼意志。"体育不但有助于塑造人健康的体魄，也有助于培养人健全的精神。

体育是人类建构的社会人文系统之一。人们通过参与体育运动来改变自己的生活状态，不断提升自己的生活品质。体育带给人们心理、生理、社会适应、道德品质等方面的作用，从而促进个人价值在生物、社会等层面不断升华。

体育是人类社会具有广泛影响的文化和教育活动，具有强大的社会功能。体育活动除了对人的精神、情感产生不可忽视的作用，在国家与社会的多个领域和谐、有效的联系中也有着非常重要的社会功能。

体育的健身功能

体育运动成就健康。适宜的、良好的体育运动使人体器官和身体机能产生良好的适应性变化，从而提高人体的身体健康水平和适应能力。中职学生正值生长发育的重要阶段，应重视在体育课程中强化锻炼、增强体质，不断发展速度、力量、耐力、柔韧、灵敏等身体素质，更加有效地促进生长发育，塑造强健的体魄。

体育的娱乐、休闲功能

体育的娱乐、休闲功能，重在调节人们的心理，让人们体会运动带来的各种乐趣。中职体育应更加强调参与性，让同学们在体育锻炼中享受竞争与表现的乐趣，通过组织形式多样的体育游戏、体育竞赛活动，提高学生锻炼的积极性、主动性，为终身体育打下坚实基础。

体育塑造美的功能

体育塑造完美的身体，展示身体美；体育彰显力量，体现运动美；体育项目有很强的观赏性，具有观赏美；体育是丰富多彩的人文活动，包含人文美。皮埃尔·德·顾拜旦在《体育颂》中写道："啊！体育，你就是美丽！你塑造的人体，变得高尚还是卑鄙，要看它是被可耻的欲望引向堕落，还是由健康的力量悉心培育。没有匀称协调，便谈不上什么美丽。你的作用无与伦比，可使二者和谐统一；可使人体运动富有节律；使动作变得优美，柔中含有刚毅。"

体育的育人功能

党的十八大指出，立德树人是教育的根本任务。《中共中央关于全面深化改革若干重大问题的决定》进一步指出："深化教育领域综合改革。全面贯彻党的教育方针，坚持立德树人。"同时针对学校体育工作强调要"强化体育课和课外锻炼，促进青少年身心健康、体魄强健"，为新时代学校体育立德树人工作指明了方向。中职学校体育与健康课程教学既担有"立德"的任务，更负有"树人"的责任，是培养中职学生"明德精技"的中心环节，对中职学生的思想观念、品格修养、身心健康、行为规范等全面发展起到潜移默化的促进作用，具有鲜明的育人导向、丰富的育人功能和突出的育人内涵，尤其是在培养人的竞争意识、规则意识，促进人的社会化等方面作用突出。

体育的政治功能

体育与政治密切相关。国际体育竞赛体现国家的形象，运动员顽强拼搏，代表的不仅仅是个人荣誉，更是国家荣誉。在重大竞技体育比赛中获得好成绩可以振奋民族精神，强化民族形象，增强民族自信心和自豪感，促进民族团结，增进世界人民之间的交流和友谊。中国女排用"五连冠"铸就了"中国女排精神"，激励了一代又一代中华儿女不懈奋斗。

体育比赛具有搭建公共外交平台、促成政治文化互补、推动人类价值观融合与重铸、争取正义的政治功能。世界上大多数国家都利用体育为外交服务。当国家之间关系出现紧张时，体育运动既可以用作缓和关系和发展合作的工具，还可以用于建立新的外交关系和新的国际合作。

体育的经济功能

体育在促进经济增长、优化产业结构、扩大居民消费、带动社会就业等方面发挥着越来越显著的作用。近年来，全球体育经济的快速发展和体育市场规模的不断扩展，已使体育产业成为体育事业的一个重要组成部分，也成为许多国家新的经济增长点，并得到广泛的认同和重视。

作为社会构成的体育系统，它所具有的各种功能，必然是与社会其他子系统相互作用的结果，并在一定的社会环境中表现出来。

三、中华传统体育文化

中华民族拥有五千多年的悠久历史和灿烂文化。周朝的教育内容中就有了"六艺"，即礼、乐、射、御、书、数，其中，射、御是军事技能的训练，具有体育的性质。中国古代还创造了"马球""蹴鞠""击鞠""中华武术"等体育项目。

中华传统体育文化是中华传统文化的组成部分，讲求"天人合一"，以"和"为贵，要求机体的和谐、人与自然的和谐。流传至今的民族民间传统体育项目都充分体现出中华传统体育强调的"身体"与"精神"的统一，通过有形的身体活动来促成无形的精神升华，实现理想的人格塑造，从而培养"尚礼仪、重道德，尚和谐、重宽容，尚理想、重敬业"等民族精神，在国家和民族的发展，在实现中华民族伟大复兴中发挥着凝聚性、支撑性和激励性作用。

四、奥林匹克运动会及奥林匹克精神

奥林匹克运动会，简称"奥运会"，是由国际奥林匹克委员会主办的国际性综合运动会，包括夏季奥林匹克运动会、冬季奥林匹克运动会、青少年奥林匹克运动会、残疾人奥林匹克运动会、听障奥林匹克运动会和特殊奥林匹克运动会。奥运会每四年举办一次，每届会期不超过 16 天。

奥林匹克运动会因起源于古希腊奥林匹亚（Olympia）而得名。古代奥运会从公元前776 年到公元 394 年，共历经 293 届。现代第一届奥运会于 1896 年在希腊雅典举行，此后在世界各地轮流举行。由于 1924 年开始设立了冬季奥运会，因此奥运会习惯上又称为"夏季奥林匹克运动会"。

《奥林匹克宪章》指出，奥林匹克运动的宗旨是："通过没有任何歧视、具有奥林匹克精神——以友谊、团结和公平竞争的精神、相互理解的体育活动来教育青年，从而为建立一个和平的更美好的世界做出贡献。"奥林匹克精神对奥林匹克运动具有十分重要的指导作用。首先，奥林匹克精神强调对文化差异的容忍和理解；其次，奥林匹克精神强调竞技运动的公平与公正，人人平等，实现更快、更高、更强的理想。2021年7月20日，国际奥委会第138次全会表决通过，同意在奥林匹克格言"更快、更高、更强"之后再加入"更团结"，融入了新的价值理念。正如已故美国著名黑人田径运动员杰西·欧文斯所说："在体育运动中，人们学到的不仅仅是比赛规则，还有生活伦理，以及如何尊重他人、如何度过自己的一生、如何对待自己的同类。"

今天，奥运会是集体育精神、民族精神和国际主义精神于一体的世界级体育运动盛会，象征着世界的和平、友谊和团结。

奥林匹克五环标志

五、蓬勃发展的中国体育

中华人民共和国成立后，在中国共产党的领导下，体育事业快速发展，取得了巨大成就。学校体育在"健康第一"思想的指导下，把培养"德智体美劳"全面发展的社会主义建设者和接班人作为根本任务，学生体质健康状况被纳入各级各类学校考核目标，学生课余体育训练、课余体育竞赛蓬勃开展。大众体育在不断满足人民对美好生活向往的奋进中越来越受到重视，休闲运动成了人们重要的业余生活方式，"既要小康，更要健康"的理念深入人心，全民身体素质逐渐得到加强。北京奥运会圆了几代人举办奥运会的梦，中国体育健儿取得了骄人的成绩。北京冬奥会，让北京成为世界上首个既举办过夏季奥运会又举办过冬季奥运会的"双奥之城"。中华体育精神赓续传承，激励了一代又一代优秀体育健儿奋勇争先，夺得了一个又一个骄人的成绩。体育科学研究从无到有，由弱到强，成绩斐然，在研究、揭示体育，提高、改善和发展人的身体机能、运动能力、心理品质及社会特性等方面，取得了丰硕的学术成果。

习近平总书记强调："体育承载着国家强盛、民族振兴的梦想。体育强则中国强，国运兴则体育兴。"2013年习近平总书记在视察沈阳全运会时就指出"人民身体健康是全面建成小康社会的重要内涵"，在2017天津全运会上进一步指出"加快建设体育强国，要充分把握好体育强国梦与中国梦紧密相连的定位"。党的二十大报告指出，以中国式现代化推进中华民族伟大复兴，并把到2035年建成体育强国作为基本实现社会主义现代化的战略目标。

> **使用兴奋剂违法**
>
> 使用兴奋剂不但会损害运动员的身心健康，还违背公平竞赛的体育道德，是一种欺骗行为。我国通过刑法修正案，增设了与兴奋剂有关的罪名。习近平总书记指出，要坚决推进反兴奋剂斗争，坚决做到兴奋剂问题"零出现""零容忍"。

第二节　　新时代中等职业学校体育

一、中职体育的功能

党的二十大报告指出，青少年群体是推动建设体育强国的主体，更是推进中国式现代化建议的后备力量，增强青少年体质，促进青少年健康成长，事关国家民族未来。中等职业学校体育（简称"中职体育"）是在全面落实立德树人根本任务，坚持"健康第一"的教育理念下，为培养"德智体美劳"全面发展的社会主义现代化建设者和接班人而开设的必修课程。

中职体育课程提倡"学练赛"有机结合。中职体育课程追求的不仅仅是学与练，也不仅仅是单纯掌握技能，还要通过常赛来巩固和提升运动技能，磨砺顽强拼搏、团队合作、永不言败的意志品质，而这些品质都能延伸到为学生未来一生的发展助力。"以体树人""以体育人"是体育课程的目标，贯穿中职学生学习的全学段，定位在"知、能、行、健"四个维度，无论是知识还是素养，都更加聚焦，也更加说明学校体育实有的价值不仅仅是"终身体育"，还具有更高远的价值，是服务于健康、幸福人生的体育，即"人生体育"。

职业体能是《中等职业学校体育与健康课程标准》的新要求。职业体能是依据学生未来职业发展需求，有针对性地训练与发展的一种特定体能。未来职业分工越来越精细，需要劳动者具备较好的职业体能，科学、合理地将与健康相关的一般体能、与动作技能相关的专项体能、与特定职业相关的职业体能有机结合起来，对促进学生体能全面发展，提高职业体能水平具有重要作用。

二、中职体育与健康课程学习导航

中职体育与健康课程是提高运动能力、培养良好健康行为习惯、发展体育精神的重要途径。运动能力是体能、技战术能力和心理素质等在身体活动中的综合表现，分为基本运动能力、专项运动能力和职业劳动能力。健康行为是增进身心健康和积极适应外部环境的综合表现，是提高健康意识、改善健康状况并逐渐形成健康文明生活方式的关键，也是《"健康中国2030"规划纲要》的重要内容之一。体育精神是体育意识、品德风貌和健康心理的综合表现，具体体现在拼搏进取、公平竞争、诚信友善和团队协作等方面。

1.中职体育与健康课程结构

中职体育与健康课程由基础模块和拓展模块两部分构成，总学时不低于144学时，8学分。

● 基础模块是各专业学生必修的基础内容。基础模块包括体能训练和健康教育2个子模块，分别为36学时和18学时，共54学时，3学分。

● 拓展模块是满足学生继续学习与个性发展等方面需要的选修内容，分为拓展模块A和拓展模块B。拓展模块A为限定性选修内容，共90学时（任选2项），5学分；拓展模块B为任意选修内容，各地各校可自主学习，共72学时，4个学分。

2.如何进行选项学习

要明确选项的目的。必修必学的内容是针对全体同学的，选修选学的内容则是为了同学们能够形成运动爱好和专长以及满足个性发展的需要而设计的。选项学习有利于同学们加深对运动的体验和认识，形成爱好和专长，养成坚持锻炼的好习惯，为终身体育奠定基础。

根据学校开设的运动项目模块，同学们在选择时可以从以下几个方面考虑。

①从兴趣与需求出发。兴趣是最好的老师，同学们可以结合自己的运动兴趣和需求来选择运动项目，能够更有效地调动学习的主动性和积极性，促进运动水平的提高。

②从运动基础出发。同学们可根据自己的运动基础，充分考虑不同运动项目对体能和技战术水平等方面的要求，有针对性地选择运动项目进行学习和锻炼。

③从自身健康水平出发。全面了解自身的健康水平和身体机能状况，科学、合理地选择运动项目来进行学习，这样才能达到预防伤病、增进健康、提高运动能力的目的。

④从发展专长的目的出发。运动专长能够充分展示同学们的体育才能，提升自尊自信，更深刻地理解体育运动的内涵，充分发挥体育健身、愉悦身心、促进人际交往的作用，并为终身体育打下坚实基础。同学们可以结合自身状况，从发展运动专长的目的去选择运动项目进行学习。

总之，通过学习本课程，同学们能够喜爱并积极参与体育运动，享受体育运动的乐趣；学会锻炼身体的科学方法，掌握1~2项体育运动技能，提升体育运动能力，提高职业体能水平；树立健康观念，掌握健康知识和与职业相关的健康安全知识，形成健康文明的生活方式；遵守体育道德规范和行为准则，发扬体育精神，塑造良好的体育品格，增强责任意识、规则意识和团队意识；健全人格、锤炼意志，在运动能力、健康行为和体育精神三方面获得全面发展。

第三节　　　健康文明的生活方式

一、健康的内涵

　　健康是公民享有的基本权利，有了健康才能愉快地学习、高效地工作、幸福地生活，获得并保持健康是所有人共同的愿望。

　　1948 年，世界卫生组织（WHO）在《世界卫生组织宪章》中明确提出：健康不仅仅是没有疾病和虚弱，更是一种生理、心理和社会适应的完好状态。1989年，WHO又提出了健康的新概念：除了生理健康、心理健康和社会适应性良好外，还加上了道德健康，只有这四个方面都健康才算是完全的健康。

> 2016年8月，习近平总书记在全国卫生与健康大会上发表重要讲话，指出：人们常把健康比作1，事业、家庭、名誉、财富等就是1后面的0，人生圆满全系于1的稳固。
>
> 2017年10月，习近平总书记在十九大报告中提出实施"健康中国"战略。
>
> 2019年7月，国务院印发《国务院关于实施健康中国行动的意见》。

二、个体健康与社会发展

　　从健康的定义可知，对个人而言，健康是促进自身全面发展的必然要求；对社会而言，国民健康是社会进步、经济发展的基本条件，也是民族昌盛、国家富强的重要标准。

　　青年学生应当牢固树立"每个人都是维护自身健康的第一责任人"的意识，主动提高健康素养，开展自我健康管理，选择健康的生活方式，从我做起，从现在做起，从生活中的一点一滴做起，让自己健康成长，为将来更好地服务社会、实现中华民族伟大复兴的中国梦打下坚实的健康基础！

想一想｜同学们，每个人都是自己健康的第一责任人，谈谈你将如何落实这一责任，真正实现健康中国行动齐参与。

合理膳食　　　　适量运动

戒烟限酒　　　保持心理平衡

健康四大基石

三、提倡健康的生活方式

　　党的二十大报告指出，深入开展健康中国行动和爱国卫生运动，倡导文明健康的生活方式。生活方式是人们在一定环境条件下形成的生活习惯和生活模式的统称。每个人的健康状况与生活方式密切相关。健康的生活方式有利于促进身体健康，不良的生活方式将危害身体健康。

1992 年，世界卫生组织在著名的《维多利亚宣言》中首次提出健康四大基石概念，《中国公民健康素养——基本知识与技能（2015 年版）》提出健康生活方式主要包括合理膳食、适量运动、戒烟限酒、保持心理平衡四个方面。

第四节　营养、膳食与健康

一、人体需要的营养素

营养素是人类维持生命，保持生长发育和健康的重要物质基础。人体通过摄入食物来获得营养素，不同的营养素对机体有不同的作用。维持人体生命和健康必需的营养素有 40 余种，分为蛋白质、脂类、碳水化合物、维生素、矿物质、水和膳食纤维七大类。蛋白质、脂类、碳水化合物是人体主要能量来源，称为"产能营养素"。膳食纤维、维生素、矿物质由于其多方面的生理作用和健康效应，越来越受到人们的重视。

七大营养素的组成、功能和食物来源

营养素	组成	功能	食物来源
蛋白质	基本组成单位是氨基酸，分为必需氨基酸和非必需氨基酸	构成机体组织、器官的重要成分，能调节生理功能，维持体液平衡和酸碱平衡，也能供给能量	肉类、豆类、蛋类、奶类和谷类
脂类	包括脂肪和类脂	供给能量，构成人体组织结构，供给必需脂肪酸，促进脂溶性维生素吸收	猪牛羊禽肉脂肪、玉米油、芝麻油、葵花籽油、深海鱼油等
碳水化合物	糖、寡糖和多糖	供给能量，构成机体组织的重要物质，节约蛋白质和抗生酮作用	谷类、薯类、豆类和某些坚果
维生素	维生素A、C、D、E和B族维生素等	维持机体正常功能，参与新陈代谢，缺乏会引起相应疾病	不同维生素，食物来源不一样，蔬菜、水果、动物肝脏中含量较丰富
矿物质	常量元素和微量元素	构成人体组织，维持和调节生命活动	不同矿物质，食物来源不同。钙：奶类；铁：动物肝脏；锌：海产品等
水	由氢、氧两种元素组成的无机物	细胞的重要组成部分，具有运输、溶解、调节体温的作用	每天除从膳食中摄取水外，还要单独饮水 1.5~1.8升
膳食纤维	不能被消化吸收、聚合度不小于3的碳水化合物	促进胃肠蠕动，预防便秘，降低餐后血糖、胰岛素、胆固醇水平	各种粗粮、蔬菜、水果、谷类和豆类等

二、平衡膳食

人的健康和寿命既受到先天遗传因素的影响，也与个人的生活方式密切相关，而饮食和运动又是个人生活方式的两个主要方面，其中平衡膳食为人体健康提供重要的物质保证。

　　为引导人们合理膳食，《中国居民膳食指南（2022）》提出平衡膳食八准则，用膳食宝塔的形式直观说明了平衡膳食的模式。

盐	< 5 克
油	25~30 克
奶及奶制品	300~500 克
大豆及坚果类	25~35 克
动物性食物	120~200 克
——每周至少 2 次水产品	
——每天一个鸡蛋	
蔬菜类	300~500 克
水果类	200~350 克
谷类	200~300 克
——全谷物和杂豆	50~150 克
薯类	50~100 克
水	1 500~1 700 毫升

每天活动
6 000 步

平衡膳食八准则

食物多样，合理搭配	坚持谷类为主的平衡膳食模式 每天的膳食应包括谷薯类、蔬菜水果、畜禽鱼蛋奶和豆类食物 平均每天摄入 12 种以上食物，每周 25 种以上，合理搭配
吃动平衡，健康体重	各年龄段人群都应天天进行身体活动，减少久坐时间，食不过量，保持能量平衡，保持健康体重 每周至少进行 5 天中等强度身体活动，适当进行高强度有氧运动，加强抗阻运动
多吃蔬果、奶类、全谷、大豆	餐餐有蔬菜，天天吃水果，吃各种各样的奶制品 经常吃全谷物、大豆制品，适量吃坚果
适量吃鱼、禽、蛋、瘦肉	鱼、禽、蛋类和瘦肉摄入要适量 优先选择鱼，少吃肥肉、烟熏和腌制肉制品
少盐少油，控糖限酒	培养清淡饮食习惯，少吃高盐和油炸食品 控制添加糖的摄入量，不喝或少喝含糖饮料 儿童青少年、孕妇、乳母以及慢性病患者不应饮酒

续表

规律进餐，足量饮水	合理安排一日三餐，定时定量，不漏餐，每天吃早餐 规律进餐、饮食适度，不暴饮暴食、不偏食挑食、不过度节食 足量饮水，少量多次，推荐喝白水或茶水，少喝或不喝含糖饮料
会烹会选，会看标签	认识食物，会选择新鲜的、营养素密度高的食物 学会阅读食品标签，合理选择预包装食品 学习烹饪，传承传统饮食
公筷分餐，杜绝浪费	选择新鲜卫生的食物，不食用野生动物 食物制备生熟分开，熟食二次加热要热透 讲究卫生，从分餐公筷做起 珍惜食物，按需备餐

想一想

不健康的饮食行为：不吃早餐，暴饮暴食，过量喝冷饮，吃冷食，吃不健康食品，过量喝碳酸饮料等。

世界卫生组织公布的十大不健康食品：油炸类食品、腌制类食品、加工肉类食品（肉松、香肠等）、饼干类食品（不包括低温烘烤和全麦饼干）、汽水可乐类饮料、方便类食品（方便面、膨化食品等）、罐头类食品、话梅蜜饯果脯类食品、冰冻甜品类食品、烧烤类食品。

你知道自己的哪些饮食行为不健康吗？上面所提到的不健康食品，你经常吃吗？和同学们一起讨论一下它们的危害吧。

不同运动类型的营养需求

运动类型	运动特点	营养需求
短跑	以力量素质为基础，无氧代谢供能为特点，时间短、强度大，要求有较高的爆发力	动物性蛋白质：增大肌肉体积，提高肌肉质量；磷和糖：为脑组织提供营养，动员更多的运动单位参加收缩；矿物质（如钙、镁、铁及维生素B_1等）：改善肌肉收缩质量
长跑	以有氧耐力素质为基础，要求有较好的心肺功能及全身的抗疲劳工作能力，时间较长，能量消耗较大	有较全面的营养成分，增加机体能源物质的贮备，在丰富的维生素、矿物质成分中，突出铁、钙、磷、钠和维生素B_1、C、E的含量，有利于提高机体有氧耐力
操类	动作复杂而多样，要求有较强的力量与速度素质以及良好的协调性，对神经系统也有较高的要求	高蛋白质、高热量、低脂肪，矿物质维生素应突出铁、钙、磷以及维生素B_1、C的含量。需控制体重，但不能过分控制饮食，避免造成营养不良
球类	对力量、速度、耐力、灵敏、柔韧等素质有较高的要求	丰富的蛋白质、糖以及维生素A、B_1、C、E。足球等球类活动时间较长且在室外，矿物质、水分丢失较多，应及时补充
游泳	机体散热较多、较快，需要一定的力量与耐力素质	丰富的蛋白质、糖和适量脂肪，维生素以B_1、C、E为主
棋牌	以脑力活动为主的项目，脑细胞的能源特质完全依赖血糖提供	对糖类有着特殊的需求，可以随时补充。此外，膳食中增加蛋白质和维生素A、B_1、C、E的供给，提高卵磷脂、钙磷铁的含量，减少脂肪摄入

三、食品安全

食品安全是指确保食品消费对人类健康没有直接或潜在的不良影响，是食品卫生的重要组成部分。在构成食品不安全的因素中食品污染是主要问题。在种植或饲养、生长、收割或宰杀、加工、贮存、运输、销售到食用前的各个环节中，由于环境或人为因素的作用，食品可能受到有毒、有害物质的侵袭而造成污染，食品的营养价值和卫生质量会降低，这个过程就是食品污染。食品污染分为生物性污染、化学性污染和物理性污染三类。食品污染一般会造成以下危害：

①影响食品的感官性状；

②造成急性食物中毒；

③对机体造成慢性危害；

④有致畸、致突变和致癌等远期危害。

食物中毒是指摄入了含有生物性、化学性有毒有害物质的食品或把有毒有害物质当作食品摄入后所出现的非传染性急性、亚急性疾病。预防食物中毒的方法：

①避免在没有卫生保障的公共场所进餐；

②不食用过期、腐烂、变质的食品；

③不食用存放过久或超过保质期的食品；

④避免生熟食混放，混用菜板、菜刀等，防止生熟食交叉污染；

⑤不生食、半生食海鲜及肉类，生食瓜果必须洗净；

⑥尽量每餐不剩饭菜，吃剩的饭菜尽量在10 ℃以下贮藏，食用前必须充分加热；

⑦餐具注意消毒、保洁，使用公筷；

⑧养成饭前便后洗手的良好卫生习惯。

练一练　①随着网络的发展，越来越多的消费者选择在网上购买食品，你在网上购买过食品吗？在网上购买食品需要注意些什么呢？

②你认识下面这些标识吗？请讲出它们代表的意义。

③学习了本节的知识，大家对营养和食品安全有了初步了解，请按照《学生营养餐指南》中每人每天食物种类及数量的要求，根据自身需求给自己设计一份一周的健康食谱。

每人每天食物种类及数量　　单位: 克

类别	食物种类	12~14岁	15~17岁
谷薯类	谷薯	350~400	350~400
蔬果类	蔬菜	400~450	450~500
	水果	250~300	300~350
鱼禽肉蛋类	畜禽肉	50~60	60~70
	鱼虾	50~60	50~60
	蛋	75	75
奶、大豆及坚果类	奶及奶制品	250	250
	大豆类及其制品和坚果	40	50
植物油		30	30
盐		5	6

注: ①均为可食部分生重。
②谷薯类包括各种米、面、杂粮、杂豆及薯类等。
③大豆类包括黄豆、青豆和黑豆以及大豆制品等。
资料来源:《学生餐营养指南》(WS/T 554—2017)。

一周健康食谱

时间	早餐	午餐	晚餐	其他
星期一				
星期二				
星期三				
星期四				
星期五				
星期六				
星期日				

第五节　　预防疾病，促进健康

一、预防传染病

传染病是指由病原微生物（病毒、细菌等）和寄生虫感染人体后产生的有传染性的疾病，它在某一人群中发生和传播。

传染病传播的三个基本环节

● 传染源：病原体已在体内生长繁殖并能将其排至体外的人和动物，包括患者、隐性感染者、病原携带者、受感染的动物等。

● 传播途径：病原体离开传染源后，在传染给另一易感者之前在外界环境中所行经的途径。传播途径有呼吸道传播、消化道传播、接触传播、虫媒传播、血液传播等。

● 易感人群：对某种传染病病原体缺乏免疫力而容易感染该病的人群。易感人群增多，容易引起传染病流行。

预防传染病的措施

①管理传染源。传染源是传染病流行的主要因素，当传染病出现时，应做到早发现、早报告、早隔离、早治疗。传染病报告是早期发现传染病的重要措施，必须严格遵守；对传染病接触者，应分别按情况采取观察、治疗或预防接种等措施；对病原携带者要进行随访观察；对动物传染源要进行治疗或宰杀。

②切断传播途径。传播途径是导致疾病传播以及流行的重要因素之一，因此，传染病的控制措施就是依据不同的传播途径采取不同的控制方法。切断传播途径最常用的方式包括开窗通风、消毒灭菌、注意个人卫生等。

③提高易感人群的免疫力。可以从以下两个方面进行：一是改善营养，锻炼身体，提高机体免疫力；二是通过接种疫苗提高人群免疫力，接种疫苗是预防传染病的有效措施。

练一练　同学们，勤洗手是个人预防传染病的有效措施，你们掌握七步洗手法了吗？让我们一起再来学一下吧。

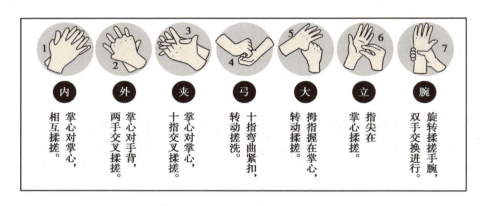

目前，对社会影响较大的传染病有很多，下面介绍其中两种。

艾滋病

艾滋病又称获得性免疫缺陷综合征 (AIDS) ，是由人类免疫缺陷病毒 (HIV) 感染引起的以免疫功能缺陷为主的一种传染病，是当今全球面临的严重公共卫生问题和社会问题。

AIDS 的传播途径有三种：性传播、血液传播和母婴垂直传播。

从20世纪80年代发现HIV以来，科学家对HIV开展了大量的研究，但仍未发现根治HIV的有效药物，也无预防HIV的有效疫苗。但AIDS是可以预防的，预防的措施就是规范自身的行为，做出安全的行为选择。

①避免通过性接触感染。世界上 80％以上的HIV携带者是通过性接触感染的，预防性传播途径感染HIV的措施包括"ABC"三种：A是禁欲（abstinence），主要指不发生婚前性行为；B 是忠诚（be faithful），洁身自好，遵守性道德，不乱发生性行为，是预防接触

感染HIV/AIDS 最根本的措施；C是使用安全套（condom），正确地、一贯地使用安全套是一种减少 HIV 感染机会的有效方法。

②避免血液途径感染。尽量避免接受输血和血制品，避免不必要的静脉注射，不吸毒，不与他人共用牙刷、剃须刀，避免在消毒不严格的理发店、美容院等处刮胡子、修眉毛、文身、修脚等。

③避免母婴垂直传播。怀疑自己有可能感染 HIV 的育龄妇女应该在孕前到医疗机构做血液检查和咨询。

握手会感染HIV吗？

由于艾滋病的危害极大，大家常常"谈艾色变"，会有很多不必要的担心，事实上以下途径不会传播HIV：日常工作和生活中与艾滋病患者和HIV感染者的一般接触，如握手、拥抱、共同进餐、共用办公和学习用具；使用公用的毛巾、马桶、浴盆、卧具、电话、游泳池等；咳嗽、打喷嚏、擤鼻涕和蚊虫叮咬。

结核病

结核病是由结核杆菌感染引起的慢性传染病。人体除毛发和牙齿外，其他器官均可能受到结核菌感染而发病，但结核菌主要侵犯肺部，称为肺结核。肺结核通过呼吸道传播，肺结核患者通过咳嗽、咳痰、打喷嚏产生飞沫，将结核菌散播到空气中。在人口密集、通风不畅的环境中，最容易传染。感染结核菌是否发病，主要与感染细菌的数量、毒力以及自身抵抗力有关。

咳嗽、咳痰多于2周，咯血或血痰是肺结核的主要症状。此外，胸闷、胸痛、低热、盗汗、乏力、食欲减退和体重减轻等为肺结核患者的其他常见症状。

预防肺结核需要做到：养成良好的卫生习惯和生活习惯，咳嗽、打喷嚏时应掩口鼻，不要面对他人，不要随地吐痰；在校期间，教室和宿舍要经常开窗通风，确保室内空气流通；每天保证充足的睡眠，合理的膳食搭配；加强体育锻炼，提高身体抵抗力。学生出现肺结核可疑症状或被诊断为肺结核后，应当主动向学校报告，不隐瞒病情、不带病上课，应在医疗机构的指导下规范用药。

二、预防慢性非传染性疾病

慢性非传染性疾病是一组潜伏时间长，一旦发病不能自愈的，且很难治愈的非传染性疾病。它具有以下特点：常见病、多发病；发病隐匿，潜伏期长；多种因素共同致病，一果多因，相互关联；个人生活方式对发病有重要影响；增长速度加快，发病呈年轻化趋势。目前，对健康有重要影响的慢性非传染性疾病主要有心血管疾病、代谢性疾病等。

高血压

高血压是人类最常见的心血管疾病之一，是以体循环动脉血压升高为主的全身性疾病，可分为原发性高血压和继发性高血压。高血压是一种可防可控的疾病，预防高血压应从小做起，养成良好的生活习惯：适量运动，控制体重，严格控制食盐和油脂的摄入，戒烟限酒，保持心态平衡，减轻精神压力。目前高血压不可治愈，一旦患病就需要长期甚至终身坚持治疗。

糖尿病

糖尿病是由多种病因引起的碳水化合物、蛋白质、脂肪代谢紊乱的全身慢性代谢性疾病。其主要特征是高血糖、糖尿，有原发性和继发性两种。糖尿病典型的症状为"三多一少"，即多饮、多尿、多食和体重减少。糖尿病的预防和控制应当从三个方面入手：饮食、运动、药物。控制饮食是糖尿病的基础治疗措施，合理的饮食有利于减轻体重，控制血糖和防止低血糖，改善脂肪代谢紊乱和高血压。增强体育锻炼可改善机体对胰岛素的敏感性，降低体重，减少身体脂肪量，增强体力，提高工作能力和生活质量。目前糖尿病不可治愈，一旦患病就需要长期甚至终身坚持治疗。在饮食控制和运动不能使血糖控制达标时应及时采用药物治疗，合理服用降血糖药是血糖达标的关键。

> **想一想** | 对于传染性疾病和非传染性疾病的预防，我们应该怎样做？

三、预防青少年常见病

青少年常见病主要包括近视、肥胖、脊柱弯曲异常等疾病。

近视

近视是眼睛辨认远方（5米以上）的能力低于正常，眼睛在不使用调节的前提下，远处的物体不能在视网膜聚焦成像，而是在视网膜之前形成焦点，导致远处的物体模糊不清。绝大多数的近视都是由眼轴变长造成的。

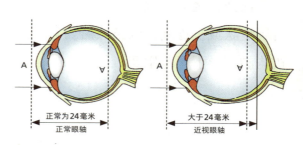

正常为24毫米　正常眼轴　　大于24毫米　近视眼轴

近视后，眼睛容易疲劳和出现不适，表现为眼胀、眼痛、看东西有重影虚边等。

近视的预防措施：

①改善用眼环境。读写时尽可能多地利用自然光，光线应该柔和，避免阳光直射和黑暗环境，光线不足时，要使用人工照明补充，使用符合自己身高的课桌椅。

②良好的用眼习惯。控制手机等电子产品的使用时间；保持正确的读写姿势，做到"三

个一"。

③增加户外活动和锻炼。每天接触户外自然光的时间为1小时以上，每天锻炼1小时以上。

④认真做好眼保健操。每天坚持上午、下午各做一次眼保健操，认真执行眼保健操流程，做眼保健操之前应做好手部清洁卫生。

⑤保障睡眠和营养。不挑食，多吃鱼类、水果、绿色蔬菜等有益于视力健康的营养膳食；早睡早起，保证睡眠充足，不开夜灯睡觉。

已患近视的同学，应到正规的眼科医疗机构配置合适的眼镜。

肥胖

肥胖是由于长期能量摄入超过能量消耗，导致体内脂肪过量堆积和（或）异常分布，并达到危害健康程度的一种由多因素引起的慢性代谢性疾病。青少年的肥胖绝大多数为单纯性肥胖，主要由膳食结构不合理、不健康饮食行为和缺乏运动等因素引起。

肥胖的防治措施：

①多运动。保证每天1小时以上中等或高等强度运动。学习外的静态活动时间（看电视、玩电脑、玩电子游戏等）每天不超过2小时。

②健康饮食。食物多样，以谷物和薯类为主，多吃新鲜蔬菜和水果，吃适量的鱼、禽、蛋、瘦肉，每天喝奶，少油少盐少糖。培养健康的饮食行为，每天吃早餐，并吃好早餐，少喝含糖饮料，少吃零食，细嚼慢咽，控制进食量。

体质指数（BMI）

体质指数（BMI）是与体内脂肪总量密切相关的指标。BMI简单、实用，可反映全身性超重和肥胖，在测量身体因超重而面临心脏病、高血压等风险时，比单纯以体重来认定更准确。

体质指数（BMI）＝体重（千克）÷身高^2（米）^{2}

BMI数值：

过轻：低于18.5   正常：18.5~23.9

过重：24~27.9   肥胖：≥28

脊柱弯曲异常

脊柱弯曲异常是危害青少年健康的常见疾病之一。轻微的脊柱弯曲异常会影响人的姿势和体态，产生疲劳感和背部不适，如长期不加以干预，畸形和疼痛会加剧，严重者会损伤脊髓和神经根，甚至造成瘫痪。脊柱弯曲异常还会影响内脏器官的功能和阻碍其发育。引起脊柱弯曲异常的原因很多，青少年脊柱弯曲异常的主要原因有：长期不良的姿势习惯、缺乏营养、缺少体育锻炼、课桌椅高度与身高不匹配、长时间使用手机和电子产品等。

脊柱弯曲异常的预防措施：

①养成良好坐姿习惯，保持一个均衡稳定而不易疲劳的体位。

②加强体育锻炼，尤其通过双杠、平衡木、跳箱、垫上运动、体操等加强腰、背、腹、肩部肌肉力量，起到脊柱保健作用。

③及时调整课桌椅的高度，与身高相匹配。

④多吃富含优质蛋白和钙的食品，适度晒太阳，提高骨密度，促进肌肉生长，增强脊柱的稳固性。

睡眠不足

睡眠不足会使人体免疫力下降，抗病和康复的能力低下，容易感冒，并加重或诱发其他疾病。睡眠是机体复原整合和巩固记忆的重要环节，青少年如果睡眠不足，会给大脑发育、骨骼生长等带来很大危害。

提高睡眠质量的措施：

①保证睡眠时间。不同年龄段对睡眠的需求不同，中职学生每天最好保证8小时睡眠。

②保持良好的睡眠环境。卧室最好悬挂遮光效果好的窗帘，保证睡眠环境安静。

③养成良好睡眠习惯。睡前不要饮用咖啡、浓茶等让中枢神经兴奋的食物或饮料，睡前不进行剧烈活动，睡觉时应保持良好睡姿。

四、预防职业性损害

劳动者在劳动过程中接触职业性有害因素所引起的健康损害，统称为职业性损害，包括职业病、工作有关疾病和职业性外伤。职业病，是指企业、事业单位和个体经济组织的劳动者在职业活动中，因接触粉尘、放射性物质和其他有毒有害物质等因素而引起的疾病，如尘肺病、职业性噪声聋等。工作有关疾病又称职业性多发病，是在特定人群中发病率增高或病情加重的疾病，如颈椎病、腰背痛、消化道溃疡等。职业性外伤又称工伤，是劳动者在劳动中的突发性意外损伤。

对职业性损害的预防，应遵循"三级预防"的原则。

● 一级预防：从根本上消除或最大可能地减少对职业性有害因素的接触，是最有效的措施，如改革生产工艺，提高自动化水平。

● 二级预防：当一级预防未能完全达到要求，职业性有害因素开始损及劳动者健康时，应采取补救措施，如开展职业健康检查，早期发现职业病患者，及时治疗。

● 三级预防：当一级、二级预防措施未能有效地防止职业性有害因素对劳动者健康的影响，劳动者已经发展成职业病或工伤患者时，应及时进行正确的诊断和康复治疗。

职业紧张

职业紧张，也称为工作紧张，是个人能力和拥有资源达不到所在工作岗位的要求时出现的生理及心理反应。职业紧张表现为疲劳、情绪低落、易怒、焦虑、睡眠障碍、抑郁、免疫力下降、血压升高等。当它呈现为一种持续状态时，可导致身心健康受损，即诱发紧张相关疾病、职业性紧张综合征，甚至"过劳死"。出现职业紧张时，可以通过减轻工作任务、改善工作环境、进行体育锻炼、提高个体适应能力等方式进行调节。如果紧张状态持续存在，应寻求专业人士帮助。

想一想 同学们，在工厂车间等生产场所，经常可以看到如下图所示的职业危害警示标志，你知道它们有什么作用吗？

噪声有害

注意通风

必须戴防护耳器

必须穿戴防护用品

常见职业性多发病

疾病名称	发病原因	主要表现
下背痛	抬举或用力搬移重物、弯腰时姿势不当	腰部间歇性疼痛
颈、肩、腕损伤	长时间保持不正确姿势：头部过分前倾、前臂和上臂抬高、手部反复屈伸等，多发于键盘操作者、流水线工人	疼痛、肌张力减弱、感觉过敏或麻木、活动受限
扁平足	足部长期承受较大负荷，如立姿工作、行走、搬运或需要经常用力踩动控制器等	足跟或距骨头疼痛，随着病情发展可出现步态改变、坐骨神经痛、腓肠肌痉挛等
视觉器官紧张	视觉器官长期处于紧张状态，如从事计算机录入、文字校对、细小零件装配等	眼干、眼痛、视物模糊、复视、流泪、充血、视力下降等，严重的会发生黄斑性脉络视网膜炎，甚至视网膜剥离
滑囊炎	局部长期受到压迫和摩擦，如包装工的腕部、跪姿工作者的膝部	局部疼痛、肿胀
下肢静脉曲张	久站引起血液回流不畅，多发于站立类工作人员	下肢肿胀、疼痛，血管凸起于表皮

预防常见职业性多发病：要注意保持正确的工作姿势、合理用力的方式和积极开展职业相关体能训练，通过正确的牵拉和关节活动方式，保持肌肉、韧带的弹性和关节的灵活度。

第六节　　运动安全与防护

一、运动安全的保障措施

为了达到提高体能、增进健康、锻炼意志的目的，避免运动安全事故的发生，我们应该了解运动安全常识，掌握运动性疾病和运动损伤的预防和处理方法。

运动环境的要求

环境对运动效果和运动安全的影响很大，在空气质量很好的环境中运动，能取得较好的运动效果；在空气污染的环境中，或极端天气条件下运动，达不到运动目的，甚至会损害身体健康。所以，我们应该避免在空气污染的环境中，或极端天气条件下进行运动。如果在高温天气下运动，应严格控制运动时间和强度，注意防晒、降温，运动后及时补充水分、盐分和矿物质，以防中暑；在寒冷天气下运动，应做好充分的热身运动，注意保暖防冻，以防受凉感冒。

运动场地的安全

运动场地和器材是引发安全事故最主要的外部因素。同学们在运动前一定要注意查看运动场地有无坑洼或障碍物，室内场地是否灰尘太多，游泳池的水是否干净，使用的器械是否牢固，垫子是否放平无空隙，如有问题要及时向老师报告或停止运动，避免因场地及器械问题影响运动安全。

运动服装与运动护具

运动服装是指专用于体育运动竞赛的服装，通常是按照运动项目的特定要求设计制作的。运动服装主要分为田径服、球类服、水上服、冰上服、举重服、摔跤服、体操服、登山服、击剑服9类。

运动护具是降低我们在运动中受伤概率和伤害程度的一种穿戴装备，可分为护头、护肩、护手、护肘、护腕、护腰、护腿、护膝、护髌骨、护踝、组合运动护具、其他运动护具。

运动中的自我保护

运动中的自我保护是指在运动的过程中可能出现和已经出现危险时，随机应变、化险为夷的一种方法。体育活动中，自我保护是预防运动损伤的一种积极手段。

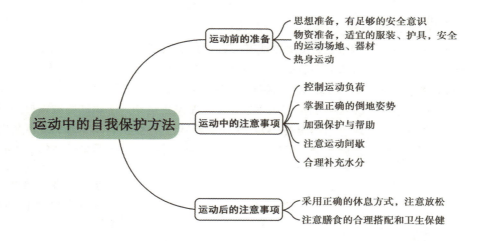

运动前的准备
- 思想准备，有足够的安全意识
- 物资准备，适宜的服装、护具，安全的运动场地、器材
- 热身运动

运动中的自我保护方法

运动中的注意事项
- 控制运动负荷
- 掌握正确的倒地姿势
- 加强保护与帮助
- 注意运动间歇
- 合理补充水分

运动后的注意事项
- 采用正确的休息方式，注意放松
- 注意膳食的合理搭配和卫生保健

热身运动

运动前的热身运动可以提高自身的新陈代谢，提高身体温度，增加关节活动度，激活和唤醒肌肉神经系统，刺激身体为随后的运动做好心理和生理的准备，也是预防运动损伤的必要措施。热身运动的动作有很多，如原地小跑+抱膝上提，原地小跳+侧踢腿、肩绕环，快速碎步跑+向上跳等。

跌跤的"学问"

在跌倒时，我们要尽可能用两腿着地，除非在保护大脑和胸腰的情况下（如翻滚、倒栽、前扑等），一般不得用两臂先着地。尽可能避免胸腰摔打地面，一般情况下（翻滚类动作除外）不得使头部着地。应遵循顺关节支撑、顺惯性滚动、增大支撑面的原则。

二、运动性疾病的预防及处理

运动性疾病一般是指机体对运动不适应，从而造成体内调节平衡的功能紊乱而出现的一类疾病。

疾病	表现	处置	预防
运动性晕厥	运动中或运动后突然发生的、暂时性的知觉和行动能力丧失。引起运动性晕厥的原因是脑部暂时缺血	①让患者平卧或头部稍低，松解衣领，注意保暖，适当抬高小腿。②对患者从足部起向大腿做重推摩和揉捏，点掐人中、百会、涌泉等穴位或让其嗅氨水。③若有呕吐，应将患者头部偏向一侧；若呼吸停止，应做人工呼吸。④患者未清醒前，不宜给予饮料；清醒后可给热饮，同时注意保暖	①平时坚持体育锻炼，提高自身心血管机能水平。②疾跑后不要立即站立不动，应继续慢跑并做深呼吸，逐渐停下来。③久蹲后要慢起立。久站时，可做提脚后跟或抬脚尖的练习，促进小腿血液循环。④有昏厥前症状时应立即平躺或俯身低头

续表

疾病	表现	处置	预防
运动中腹痛	运动过程中或运动结束时产生的腹部疼痛。这类疼痛，大多在安静时不疼，运动时才疼。主要发生在中长跑等项目中	①通过调慢运动速度，加深呼吸来调整呼吸和运动节奏，用手按压疼痛部位或弯腰跑一段距离等，疼痛可以减轻或消失。②若疼痛不减或加重，应立即停止运动，用手指掐内关、点揉足三里等穴位。上述措施若仍不见效，应请医生进行诊治	①运动前避免吃得过饱和饮水过多，饭后1.5～2小时才可进行剧烈运动。②运动前要做好热身运动，训练要科学合理，循序渐进，注意运动中呼吸与动作的节奏配合
肌肉痉挛	肌肉痉挛也称抽筋，是一种肌肉自身发生不由自主地强直收缩的现象	以牵引痉挛的肌肉为主，辅以热敷和按摩。牵引时应避免过度用力，用力宜均匀、缓慢	①运动前做好热身运动，对易发生痉挛的局部进行适当的事前按摩和牵拉练习。②冬季户外运动时注意保暖，夏季运动时注意适当补充水和盐。③游泳下水前应用冷水淋身，使身体对冷水有所适应。④身体疲劳或饥饿时不宜进行剧烈运动

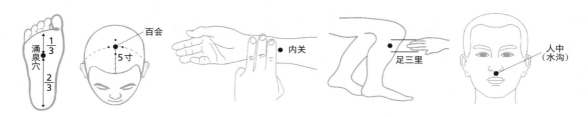

三、运动损伤的预防及处理

在体育活动中，运动损伤时有发生。在以后工作的职场中，也有可能发生类似运动损伤。因此，应对运动损伤足够重视，了解其发生的原因，增强预防意识，并掌握一般的处理方法。

运动损伤发生的原因

①思想上麻痹大意，盲目或冒失地进行体育锻炼；急于求成，忽视循序渐进和量力而行的体育锻炼原则；在训练中不主动采取有效的预防措施。

②不做热身运动或热身不充分；热身运动量过大，身体在进入正式运动前已感疲倦；热身运动与运动内容结合不好或缺少专项准备活动；热身运动与正式运动的间隔过长。

③技术动作违反了人体结构特点和运动时的力学原理。

④运动负荷超过了运动者能承受的生理负担量，尤其是局部负荷过大。

⑤缺乏休息及睡眠、患病或伤病初愈等，导致人体生理功能下降；运动者的心情不好、情绪低落，缺乏运动的积极性。

⑥在比赛中不遵守规则，或在运动中相互打闹、动作粗野。

⑦其他方面，如场地设备的缺陷、不良天气等。

运动损伤的预防

①加强安全和防伤意识，加强组织纪律性，培养团结友爱、互帮互助的优良品质，发扬良好的体育道德风尚。

②认真做好热身运动。热身运动的内容应根据教学、训练和比赛的内容而定，做到有针对性，既要有一般性热身运动，又要有专项热身运动。

③加强自我保护，掌握身体失去平衡、快要跌倒、从高处跳下等情况时的自我保护方法。

④伤病或体质不合格者以及身体缺乏训练的人，不要参加剧烈运动或比赛；严格控制运动量，不宜做高难度动作，注意必要的休息；注意场地器材设施的安全。

运动损伤	主要表现及处理方法
擦伤	擦伤表现为表皮剥脱、血痕、渗血或出血斑点，继而可出现轻度炎症反应，局部会有红肿和疼痛。 ①小面积的擦伤，用2%的红汞或1%～2%的龙胆紫涂抹即可，伤势较重的须送医院处理。 ②轻度开放撕裂伤，用红药水涂抹伤口即可；裂口大时，需止血和缝合伤口，必要时应注射破伤风抗毒血清
挫伤	挫伤在损伤处往往会出现红肿、皮下出血，有疼痛感。 在48小时内可冷敷并加压包扎，抬高患肢；48小时后，可按摩、理疗、外敷活血药物。如果怀疑内脏损伤，则要迅速送医院检查和治疗
肌肉拉伤	受伤部位往往会疼痛、肿胀，有压痛，肌肉紧张或痉挛，触之发硬，发生功能障碍。如果是肌肉断裂者，受伤时可感到断裂或听到断裂声，肿胀明显，皮下淤血严重，局部还可能触到凹陷或一端异常膨大。 如果是轻微的肌肉拉伤，可先冷敷，然后加压包扎，抬高患肢；如果是严重的肌肉拉伤，在通过上述紧急处理后，患者应及时到医院检查治疗
扭伤	患处出现疼痛肿胀，患者活动受限，局部淤血瘀斑，局部肢体功能受到影响。 伤后应立即给予冷敷，加压包扎，抬高患肢等处理，卧床休息。48小时后，可在关节周围用推摩、揉捏等手法按摩、理疗、敷药；1～2周后可进行肌肉力量练习。韧带完全断裂者，应及时送医

第七节　　应急避险常识

无论是自然原因，还是人为原因造成的灾害，都会给人们带来财产损失、身体损害，甚至造成人身伤亡，因此，掌握灾害的逃生技能和应急情况的处理方法是非常必要的。

一、火灾发生时的逃生技能

①保持镇静,不要贪恋财物,迅速撤离。

②用湿毛巾或手帕掩住口鼻,不可搭乘电梯,要顺着安全出口方向指示逃生。

③浓烟中采取低姿势爬行,注意呼吸要小而浅。

④身上的衣物着火,应迅速将衣服脱下或撕下,或就地翻滚将火压灭。

⑤当无法等待救援时,低楼层的人员可利用房间内的床单或窗帘卷成绳条状,或屋外排水管逃生。

⑥在室内待救时,一定要堵严门缝,在无烟的房间窗口通过晃动颜色鲜艳的衣物、大声呼救或敲物发声等方式告知你的位置,让消防人员能快速准确施救。

> **灭火器的使用方法**
>
> 第一步: 取出灭火器。
> 第二步: 拔掉保险销。
> 第三步: 一手握住压把, 一手握住喷管。
> 第四步: 处于上风向对准火苗根部喷射。

练一练　课后自己演练一下火灾撤离路线。

二、地震时的逃生技能

①不要惊慌失措,保持镇静,就地避震。

②在家时,找到卫生间、厨房等空间小且易形成坚固三角空间的地方蹲下,震后迅速撤离,以防强余震。

③在学校时,要听从老师的安排,迅速离开教室;不能及时离开时,双手抱头趴在课桌下。

④在商场、电影院等公共场所时,避免拥堵人群,双手抱头迅速趴在桌柜、排椅下,注意避开玻璃、吊灯等悬挂物。

⑤在室外时,切记不要往室内跑,立刻找空旷的地方避震。

⑥当不幸被建筑物埋压时,要保持冷静,尽力寻找水和食物,创造生存条件,等待救援。

练一练　课后自己演练一下地震逃生路线。

三、踩踏事故应急方法

踩踏事故是指在聚众集会中,特别是在整个队伍产生拥挤移动时,有人意外跌倒后,后面不明情况的人群依然前行,对跌倒的人产生踩踏,从而产生惊慌、加剧拥挤和新的跌倒的群体伤害性意外事件。遇到踩踏事故时可通过以下几个方法来自救:

①想办法远离拥挤人群。

②如果已经陷入混乱的人群中，一定要稳住双脚，避免摔倒，远离周围店铺的玻璃窗，避免因玻璃破碎而被扎伤。

③如被人群拥挤裹挟，应和大多数人前进方向保持一致，不要试图超越他人，更不可逆行。

④如果不幸摔倒，应立即将双臂交叉成环形来护住头和胸腔，避免造成严重伤害。

踩踏事故并非不可预防，提高安全避险意识，避免到人多拥挤的地方，尽量避开人流聚集高峰期出行等都是防止踩踏事故发生的好办法。

四、急救技能

出血的处理方法

出血处理，是指流血时通过一定方式处理，快速让血停止向外流动。

● 指压止血法：用手指把出血部位近心脏一端的动脉血管压在骨骼上，使血管闭塞，血流中断而达到止血目的。这是一种快速、有效的首选止血方法。

● 加压包扎止血法：伤口覆盖无菌敷料后，把纱布、棉花、毛巾、衣服等折叠成相应大小，置于无菌敷料上，然后用绷带、三角巾等紧紧包扎，以停止出血为度。

这种方法用于小动脉以及静脉或毛细血管的出血。当伤口内有碎骨片时，禁用此法，以免加重损伤。

● 止血带止血法：严重血流不止时，用布条、三角巾或橡皮带绑在止血点上。绑扎时需用毛巾做衬垫，绑扎松紧度以停止出血，手指、脚趾不乌紫、不麻木为宜；每隔30分钟松开1次，每次松开1~2分钟。

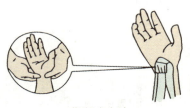  

指压止血法　　　　　　加压包扎止血法　　　　　　止血带止血法

骨折的处理方法

骨折是指骨的完整性遭到破坏或是连续性中断，主要表现为：受伤部位畸形、疼痛、肿胀、活动障碍。

骨折的处理办法：

①评估伤者。如有昏迷，应让其平躺，头偏向一侧，清除口腔异物，保持呼吸道通畅；如

意识清醒，则进行止血、包扎及固定等处理。

②止血、包扎。用干净的毛巾或布块压迫伤口止血。如有大血管破裂应加压包扎，用止血带止血。若骨折端已戳出创口，并已污染，则保持原样，立即固定后送医院。

③固定骨折部位。不能随意搬动骨折部位，肿胀严重的，可以剪开衣物。固定时可就地取材，如木板、树枝、衣架等。固定时皮肤上需要用毛巾或棉垫进行垫衬。上肢可用绷带或布条固定于胸部，下肢则可与另一条健康腿捆绑在一起。

④转运。在止血包扎、妥善固定后，要尽早转送医院治疗。

溺水的处理方法

溺水是指人淹没于水或其他液体介质中并受到伤害的状况。

● 不会游泳的同学溺水自救方法

①不要慌张，迅速把头后仰，口向上，尽量使口鼻露出水面。

②调整好呼吸（呼气要浅，吸气要深），大声呼救。

③甩掉鞋子和口袋里的重物，但不要脱掉衣服，衣服可增大浮力。

④如果水面有坚固的漂浮物，要及时抓住它，耐心等待救援。

● 会游泳的同学溺水自救方法

①发生小腿抽筋时，仰浮在水面上，用手将抽筋腿的脚趾向脚背侧弯曲，使痉挛松解，然后慢慢游向岸边。

②发生手抽筋时，仰浮在水面上，可将手指上下弯曲，用脚慢慢游向岸边。

● 救助溺水者的方法

①发现溺水者，应立刻大声呼救并拨打120。

②就地取材，可以将绑绳索的救生圈或长竿类的东西丢向溺水者，俯身拖拉其上岸。也可利用树木、矿泉水瓶等来救人。

③将溺水者救上岸后，要立即清除其口中、鼻中的异物等。

④有条件的可以给患者吸氧。

⑤对呼吸心跳停止的患者要立即进行现场心肺复苏。

心肺复苏术	时间与抢救成功率	
心肺复苏术是指对心跳、呼吸骤停的患者采取的紧急抢救措施，通过人工呼吸、心脏按压、快速除颤等，使其循环呼吸、大脑功能得以控制、部分恢复的急救技术。心肺复苏术的具体操作方法参见本书配套的数字资源。	开始抢救时间/分	心脏复苏成功率/%
	<4	60
	4~6	10
	6~10	4
	>10	0.09

第八节　　心理健康与社会适应性

一、增进心理健康

心理健康的自我评价

心理健康是现代人健康的重要方面。心理健康，才能在不同的环境中保持良好的心态，战胜困难，挑战自我。对青少年来说，健康的心理是生活、学习、交往以及今后工作的保证。

心理健康的标准：

①有适度的安全感，有自尊心，对自我的成就有价值感；

②适度地自我批评，不过分夸耀自己，也不过分苛责自己；

③在日常生活中，具有适度的主动性，不为环境所左右；

④理智、现实、客观，与现实有良好的接触，能容忍生活中的挫折和打击，无过度的幻想；

⑤适度地接受个人的需要，并具有满足此种需要的能力；

⑥有自知之明，了解自己的动机和目的，能对自己的能力做客观的估计；

⑦能保持人格的完整与和谐，个人的价值观能适应社会的标准，在学习、工作时能集中注意力；

⑧有切合实际的生活目标；

⑨具有从经验中学习的能力，能适应环境的需要而改变自己；

⑩有良好的人际关系，有爱人的能力和被爱的能力。

正确地认识自己是促进心理健康的基础，我们要及时发现自己存在的问题，有针对性地进行心理锻炼，促进心理健康，使自己健康成长。

想一想
①你的优点是什么？你的缺点有哪些？
②遇到困难时，你能迎难而上吗？
③当被别人误解时，你是怎样处理的？你能控制好自己的情绪吗？

自我测试后与同学们进行交流，看看是不是准确地认识了自己，看看与健康的心理有没有差距。如果有差距，想想应该怎样改进。

体育锻炼促进心理健康

①体育锻炼中全身心地投入，能促进人体内啡肽的分泌，使人感到愉悦，从而排解心理压力。

②体育锻炼中需要不断接受自我、挑战自我、展示自我，当你克服困难完成一项体育活动后，会体验到成功感，随着运动成绩的不断提高，自信心会随之增强。

③完成每一项体育活动都会遇到客观上的困难和主观上的困难，不畏惧、不退缩、努力、坚持、克服困难，就是意志培养的过程。

④体育运动情景错综复杂，需要锻炼者仔细观察、视野开阔、注意力集中。体育运动能提高锻炼者的观察能力、想象能力和分析判断能力。

改善不良情绪的运动项目	
焦虑	篮球、排球、足球、乒乓球
痛苦	乒乓球、羽毛球、篮球、排球
紧张	瑜伽、游泳、跳绳、慢跑
愤怒	慢跑、太极拳、拳击

想一想　你是否存在不良情绪?当出现不良情绪时，你一般采用哪些方法进行调节?和大家一起分享一下吧。

制订时间表，允许自己休息一下

听音乐

向亲朋好友倾述

看书

写日记

运动

二、增强社会适应能力

学会与人交往

人际交往是指通过积极的方式与他人交往，保持友谊，相互沟通，对促进心理健康和提高社会适应能力十分重要。人际交往应遵循主动、真诚、公平、谦虚、宽容等原则。青少年应学会与同学、家长、教师甚至陌生人交往，建立良好的人际关系。在具体实践中，可以试试以下方法：

①学会与人交流。交往的关键是相互之间的交流，要做到语言文明、举止得体。

②学会宽以待人。与人相处时要学会包容，要心胸开阔，体谅他人，多为别人着想。

③懂得谦虚。不要以骄傲、自满的态度对待身边的朋友，这样才有更多的人愿意与你接触，愿意与你结为好友。

④慷慨大方。不要为了小事斤斤计较，避免因小失大。

⑤诚实守信。"人无信不立"，做人要诚实守信，切勿言而无信。

⑥坦诚相待。要坦诚地表明自己的观点，有勇气承认自己的错误。

人际交往中的自我保护

与人交往中也需要提高警惕，避免受到伤害。

①网络交往要慎重。网络交往对象往往是看不见的，对方的品行难以判断，因此必须提高警惕，不要轻易相信他人，不要轻易泄露个人信息，切忌依赖网友来满足自己的情感需求。

②勇敢面对校园欺凌。校园欺凌是同学之间发生的故意的身体和心理的伤害行为。无论遭遇哪种形式的校园欺凌，都要勇敢地说"不"。注意：不要激化矛盾，避免将自己的生命置于危险之中，可以向老师报告，或者直接运用法律武器来捍卫自己的合法权益。

③预防性侵犯。在与他人包括熟人接触时，无论是女生还是男生，都要注意预防性侵犯，包括各种非意愿的和带有威胁性质的性骚扰和性攻击行为。当遇到性侵害时，一定要机智冷静，坚决拒绝，设法找机会脱身，并运用法律武器保护自己的合法权益。

体育锻炼可以提高社会适应能力

①几乎所有的体育活动都为人们提供了社交的环境，以及与他人分享某些重要体验的机会。在这个环境中，可以广交朋友、交流信息、克服孤独、增强合作，通过关心他人、帮助同伴而获得价值感，促进人际关系和谐。

②在体育锻炼中，一些集体项目，可以为锻炼者提供不同角色的体验机会。同学们可以在锻炼过程中不断得到同伴对自己表现的反馈，修正自己不准确的自我认识。

③参加体育活动有助于增强自信心，克服自卑心理，培养豁达的胸怀和处理问题的能力。

测一测

一、填空题

1.健康四大基石是指＿＿＿＿＿＿＿、＿＿＿＿＿＿＿、＿＿＿＿＿＿＿、

＿＿＿＿＿＿＿。

2.传染病的传播环节包括＿＿＿＿＿＿＿、＿＿＿＿＿＿＿和＿＿＿＿＿＿＿。

二、简答题

1.预防传染病的措施有哪些？

2.青少年常见病有哪些？我们应该如何预防？

学习评价 ｜ 经过一段时间的学习,你已经取得了一定的进步,请对自己学习体育与健康知识的表现、学习效果、健康行为的养成作一个评价。

核心素养	评价内容	等级			
		优秀	良好	中等	有待提高
体育作用认识	了解体育的功能				
	了解体育的内涵				
	知道体育运动的作用				
	能准确说出中职体育与健康课程的重要性				
健康知识	知晓健康的内涵				
	了解人体需要哪些营养素				
	了解疾病预防的知识,明确流行性疾病的防控要求				
	知道心理健康的标准				
	了解青春期的性与生殖健康知识				
	了解运动安全与防护知识				
健康行为	树立"每个人都是自身健康的第一责任人"的意识,选择健康的生活方式				
	通过平衡膳食促进健康				
	掌握七步洗手法				
	正确认识自己,有效调节不良情绪				
	处理好各种人际关系				
	掌握常见运动损伤的处理方法				
	掌握应急避险的一般方法和心肺复苏术				

第二章

体能训练

学习目标

●了解体能对发展运动能力和形成健康行为的影响以及体能训练对提高身体素质的作用。

●掌握发展各项身体素质的方法。

●制订一般体能和职业体能锻炼计划，培养良好的锻炼习惯。

●根据《国家学生体质健康标准（2014年修订）》评价自己的体能水平。

●在体能训练过程中能保持勇敢顽强、坚韧不拔、超越自我、健康向上的精神风貌。

第一节　　　认识体能

一、什么是体能

体能是指人体各器官系统的机能在身体活动中表现出来的能力，是人体适应外界环境的能力。人的体能水平通过力量、速度、耐力、协调、柔韧、灵敏等运动素质体现出来。人们在日常生活中表现的体能称为一般体能，在运动和竞技比赛中表现的体能称为专项体能，在职业工作岗位中表现的体能称为职业体能。对于中职学生来说，除了发展一般体能和所喜爱运动项目的专项体能，还应该针对未来职业工作岗位需要进行特定的训练，发展职业体能。

二、体育锻炼促进体能发展

影响体能的因素很多，如年龄、性别、遗传、饮食、疾病、压力、环境等，但通过体育锻炼能促进体能的发展。人体的基本能力遵循"用进废退"的规律，只要坚持科学、循序渐进、持续的体能训练，就能显著提高和改善人体的生理学基础，促进体能良好发展。例如，通过有氧锻炼能有效发展心肺耐力，通过拉伸练习能提高身体的柔韧性，通过力量练习能发展肌肉力量等。中职学生处在身体发育的敏感期，加强体育锻炼不仅能提高身体发育水平、身体器官系统机能水平、各项身体素质水平，而且能提高意志品质。

三、体能训练的分类

对应一般体能、专项体能和职业体能，体能训练也相应地分为三类。

● 一般体能训练：包括塑造良好的身体形态，提高身体机能，提高身体素质。

● 专项体能训练：提高与足球、篮球、排球等项目相关的身体素质、运动能力。

● 职业体能训练：依据未来工作岗位和工作环境要求，有针对性地训练，发展特定体能，提高工作效率和劳动技能，防治职业性多发病。

四、体能训练的原则

针对性原则

选择锻炼内容、方法和安排运动负荷时，应根据个人的性别、健康状况、职业、锻炼的目的、原有的基础以及气候条件等实际情况来确定，按科学方法进行锻炼，并注意阶段性的调整，以取得最佳的锻炼效果。例如，体质较差的同学开始锻炼时，应采用运动强度较低的项目；为提高长跑的能力，应采用发展心肺耐力和下肢肌肉耐力的练习方法。

因人而异原则

在运动过程中应依据个人的兴趣爱好、性别等因素，确定适合自己的锻炼形式，这样才能长期保持参加锻炼的积极性和自觉性，逐渐形成终身体育锻炼的习惯。

渐进性原则

体育锻炼的效果是逐步达成的，人对运动技能的掌握是从简到繁、由易到难、从弱到强的，所以体能训练不应急于求成。另外，人体承受运动负荷的能力也是由小到大不断提高的，如果违背这一原则，就会影响效果，甚至有损身体健康。

经常性原则

体育锻炼之所以能增强体质，是因为在体育锻炼的过程中，器官、系统机能和形态上的改变可以保持体内环境的相对恒定，这是体育锻炼的生理基础。这个变化过程的重要条件在于保持体育锻炼的时间、强度、次数的衔接和连续性。如果间隔过长、中断过久，已获得的效果就会消退以至消失。所以我们应长期不间断地、持之以恒地进行体育锻炼，使之成为日常生活的一部分。

运动与营养相结合原则

对于不同体育锻炼的目的应选择不同的运动形式来实现，而不同的运动形式身体所需的能量物质不同。因此，在锻炼时，应根据个人的锻炼目的选择运动形式，同时选择与之相适应的合理膳食，才能达到最佳的锻炼效果。

全面性原则

人体各器官系统之间是相互依赖、相互制约、相互促进的，特别是中职学生处于身体发育的重要时期，体育锻炼应该注意全面发展身体各器官系统的功能，全面发展各项身体素质，从而促进身体全面、协调发展。

第二节　　　发展一般体能的方法

　　一般体能训练是促进身体形态、身体机能、身体素质三个方面的发展，使之达到健康生活、快乐学习和工作的目的。

　　身体形态是指身体的外部形态和特征，主要包括体形、身体姿势、营养状况及身体成分等方面，反映人体的生长发育水平，也体现一个人的修养状况。科学的训练方法可以帮助我们塑造良好的身体形态，如舞蹈、健身操、体操等形体训练方法。

　　身体机能是指人体各器官系统的功能，它是人体健康和活动的基础。虽然身体机能中的很多指标受遗传的影响，但科学的训练方法可以帮助我们改善和提高身体机能，如健步走、慢跑、游泳、跳绳、户外运动等运动方式。

　　身体素质是指人体在活动中表现出来的力量、速度、耐力、柔韧、灵敏等素质，它反映一个人的体质状况。科学的训练方法也可以帮助我们发展身体素质。

一、发展力量素质

　　人体的力量来源于肌肉的收缩，发展力量素质的本质在于发展肌肉力量。肌肉力量可以通过负重抗阻力、克服体重、克服运动阻力、对抗性练习等方法提高，肌肉耐力可以通过小重量、多次数的负重和各种静力支撑来提高。

　　1.肩部力量训练

　　● 引体向上：两手正握杠，将身体悬垂于空中，双手向上拉杠，使下巴高于杠面；下杠时双臂缓慢伸直，身体慢慢还原到启动状态。连续数次至力竭为1组，组间休息2分钟，做3组。

　　● 哑铃侧平举：自然站立，双手持哑铃，两臂侧平举，略高于肩，然后回到原来姿势。连续数次至力竭为1组，组间休息2分钟，最多不超过5组。

引体向上　　　　　　　　　　哑铃侧平举

2.胸部力量训练

● 杠铃卧推：躺在训练椅上，双手握住杠铃，握距比肩稍宽，下降杠铃至胸后发力推起。杠铃重量控制在最大举重量的70%~75%，每组做5次，组间休息2分钟，共做5组。

杠铃卧推

● 哑铃卧推：坐在训练椅上，手持哑铃，上臂与躯干成45°，两肘外展伸直。连续数次至力竭为1组，组间休息2分钟，最多不超过5组。

哑铃卧推　　　　　　　　　　背伸练习

3.背部力量训练

● 背伸练习：仰卧于垫上，双手放在头部，躯干/脊柱慢慢后伸，使身体呈反曲状态，然后回到原来姿势。连续5次为1组，组间休息2分钟，最多练习5组。

● 负重转体：肩负杠铃站立，双手扶住杠铃，做左右转体动作。杠铃重量为最大举重量的40%~60%，两侧各10次为1组，组间休息2分钟，做3~5组。

4.前臂力量训练

● 哑铃弯举：身体保持直立，手心向前，双臂快速做弯举动作。连续数次至力竭为1组，组间休息2分钟，做4组。

哑铃弯举

● 拍手俯卧撑：俯卧撑准备姿势，弯曲手臂，做下压动作；伸展手臂，身体到达最高处前拍手，还原预备姿势。连续做10次为1组，组间休息2分钟，共做4组。

5.腿部力量训练

● 弓箭步走：身体呈预备姿势，一腿向前成弓箭步，交替向前走。连续做10次为1组，组间休息2分钟，共做4组。

弓箭步走

● 单腿下蹲起：一腿伸直抬起脚离开地面，另一腿做单腿下蹲起练习。抬起的脚尽量伸直。8~10次为1组，组间休息2分钟，做3组。

注意事项

在训练中,应采用克制和退让相结合的动力性练习。依据实际情况,选择相应的训练方法和手段,控制好训练量和训练强度。要把大、小肌群,屈、伸肌群的练习结合起来安排。

核心力量

核心力量是指附着在人体核心部位（脊柱、髋关节和骨盆）的肌肉和韧带在神经支配下收缩所产生的力量。核心力量存在于所有运动项目中,它对运动中的身体姿势、运动技能和专项技术动作起着稳定和支持作用。

二、发展速度素质

速度是指人体进行快速运动的能力或快速完成某项运动的能力,也就是快速做出运动反应、快速完成动作、快速移动的能力。发展速度素质的练习方法很多,但总的来说都是围绕提升神经活动和肌肉活动能力而开展的,如反应速度训练、动作速度训练和移动速度训练等。

1.反应速度训练

● 起动追拍:两人一组前后相距2~3米慢跑,听到信号后开始加速,后者追前者,追上并拍击前者背部即停止。连续做4组。

● 起跑练习:听到起跑信号后起跑接加速跑20~40米。要求:反应迅速,提高步频。共做4组。

起跑练习

● 加速跑:听到信号后,进行30~60米的加速跑,以提高步频。做3~4组。

2.动作速度训练

● 仰卧快速伸腿:身体仰卧,双腿分别做快速伸腿动作。连续做10次为1组,组间休息20秒,共做5组。

● 快速摆臂:按跑的技术规格原地快速做10~15秒的前后摆臂动作,尽可能提高摆臂频率。共做5组。

仰卧快速伸腿

快速摆臂

● 原地负重大腿抬放练习:腿上绑上负重块,上体直立,双腿快速抬起然后放下。连续15次为1组,共做4组。

3.移动速度训练

● 行进间跑:站立式起跑,逐渐加速至最大速度。要求:加速应自然、协调。一次为一组,组间休息2分钟，共做3组。

● 下坡跑：在由斜坡进入平地时注意动作的节奏应衔接自然，注意提高步频、改善跑的节奏。一次为1组，组间休息2分钟，共做5组。

注意事项

速度训练对神经肌肉协调的要求较高，只有在神经系统高度兴奋状态下进行练习，才会取得好的效果。因此，速度训练应严格控制练习量及恢复时间。

肌纤维的类型

肌肉由两种类型的纤维构成。Ⅰ型纤维，也称慢肌或氧化型肌纤维，产生的肌力小，速度慢。Ⅰ型纤维不易疲劳，因而有助于运动员参加有氧耐力项目。Ⅱ型纤维，也被称为快肌或糖酵解型肌纤维，具有较高的速度输出和较快的收缩速度，但容易疲劳。Ⅱ型纤维有利于运动员参加需要速度和爆发力的运动项目。

三、发展耐力素质

耐力素质作为身体素质的一方面，也称"耐久力"，是体现个体健康水平或体质强弱的重要标志。在日常耐力素质锻炼中，对人体最具影响的是有氧耐力训练和无氧耐力训练。

1.有氧耐力训练

● 3分钟跳绳：原地跳绳3分钟，组间休息5分钟，共练习4~6组。保持匀速，强度维持在45%~60%。

● 1 500米变速跑：运动时强度由低到高，"100米慢跑＋200米快速跑"交替进行。一次为1组，组间休息5分钟，共做2组。

● 10~15分钟定时跑：在操场上或校园内进行，强度维持在55%~65%。每次进行2组，组间休息5分钟。

2.无氧耐力训练

● 原地间歇高抬腿跑：摆臂协调，快速抬腿，进行1分钟练习（或每组进行60~80次）。共做4组，组间休息2~4分钟，强度维持在80%。

● 200米跳绳跑：跑跳协调，共4组，组间休息5分钟，强度维持在60%~70%。

● 100米间歇跑：100米全速跑，组间休息2分钟，进行5组。

注意事项

耐力训练需要循序渐进，注意选择正确的运动姿势和呼吸方式，学会用脉搏来控制运动负荷量。

乳酸阈

在递增负荷运动中，血乳酸浓度随运动负荷的递增而增加，当运动强度达到某一负荷时，血乳酸浓度会急剧增加，血乳酸出现急剧增加的那一点（乳酸拐点）称为"乳酸阈"，这一点对应的运动强度即乳酸阈强度。它反映了机体的代谢方式由有氧代谢为主过渡到无氧代谢为主的临界点或转折点。

四、发展柔韧素质

柔韧素质是指人体各个关节的活动幅度以及韧带、肌肉、肌腱等软组织的伸展能力。我们经常进行柔韧性练习可以改善肌肉与韧带的机能，有助于掌握运动技能，使动作更加优美，身体活动更加协调。青少年时期是柔韧性发展的关键时期。发展柔韧素质的方法有很多，可分为：动力性拉伸法、静力性拉伸法、弹震性拉伸法、本体感受神经肌肉伸展法（PNF）等几类。

1.动力性拉伸训练

● 弓步压腿：身体呈箭步蹲姿势，重心平均分配在双腿上，下蹲时前脚膝盖不能超过脚尖。连续10次后交换练习，共做4组。

2.静力性拉伸训练

● 俯卧背弓：俯卧在垫上，双腿上翘；吸气，双手抓住同侧脚脚背或脚踝。动作幅度尽量大，保持10秒为1次，共做10次。

3.PNF拉伸训练

● "收缩—放松"法：静态伸展，坚持15秒；让肌肉做等长收缩，坚持这个姿势7~15秒；放松肌肉，再次做静态伸展，坚持15秒。重复5次。

弓步压腿

俯卧背弓

PNF拉伸训练

注意事项

柔韧训练是各项运动中的重要组成部分，应循序渐进、持之以恒，训练时要因项目、因人而异。在训练中，应使相互关联的身体各个部位都得到有效练习，并注意外界温度、练习时间等，练习结束后还要进行必要的放松。

制约柔韧素质的因素

①关节的骨结构决定关节的活动范围；

②关节周围软组织的大小，周围软组织包括肌肉、肌腱、韧带等；

③关节周围肌肉的力量素质。

五、发展灵敏素质

人体的灵敏性是指在中枢神经系统的指挥下，在各种突变的情况下，快速、协调、准确地完成动作的能力。我们可以通过训练来发展人体的灵敏素质。

1.徒手训练

● 听指令转身跑：听口令或看手势转身快速跑。共做5次。

● 打手心手背：两人面向对方站立，伸出手，听到指令后迅速拍击对方。视情况可以多次进行，也可以加上附加条件，如输的一方做一个俯卧撑或下蹲等。

2.器械训练

● 两人接抛网球：两人间隔2米面向站立，将网球抛给对方，为了加大难度，可以左右移动。连续多次进行。

● 双人听口令抢物：半蹲，听口令迅速抢放在地上的物品。连续多次进行。

两人抛接网球

双人听口令抢物

3.组合训练

● 两个动作组合练习：交叉步+后退跑、立卧撑+原地高抬腿跑、后踢腿跑+圆圈跑等。共做5次。

● 三个动作组合练习：交叉步侧跨步+滑步+障碍跑、跨栏+跳栏+滚翻等。共做5次。

● 围圈打猴：确定几个人当"猴"在圈中活动，余者作为"猎人"并手持2~3个软式排

灵敏素质训练计划设计应考虑的因素

①练习手段；②练习顺序；③频次，即单位时间内练习的次数；④强度；⑤练习量；⑥休息，在每组练习和每项练习之间都应有休息时间；⑦训练计划的结构，主要包括：一般热身、专项热身、主要训练课和放松活动。

球围在圈外，掷球打圈中的"猴"（只准打腿部），被击中的"猴"与掷球的"猎人"互换。视情况可以连续多次。

第三节　　发展职业体能的方法

一、职业特点与体能训练方法

不同的岗位类型、工作环境和工作状态，对从业者的身体素质要求不同，需要采用有针对性的训练来发展职业体能。下表列出了不同岗位类型的职业特点、需要具备的岗位能力和身体素质要求、对应的训练方法。同学们可以对照此表了解自己所学专业的岗位类型、职业特点、身体素质要求及其对应的训练方法。

岗位类型	对应专业	职业特点	岗位能力	身体素质要求	肌肉群和身体机能系统	训练方法
坐姿类	文秘类、会计事务、计算机类、艺术设计类等	长期伏案，以脑力劳动为主。低头含胸，注意力高度集中，身体长时间处于静止状态	良好的抗疲劳能力，精准的分析判断和思维能力	耐力、协调性、速度与上肢及腰背力量	颈部、肩部、手腕、腰背和臀部肌群、中枢神经、心肺、神经肌肉系统	颈部屈伸练习、身体拉伸操、双杠臂屈伸、仰卧起坐、跳绳、半蹲跳等
站立类	数控技术应用、焊接技术应用、机械制造技术、烹饪类、幼儿保育等	长时间站立或躬身，利用大型设备进行生产操作，手眼不间断操作；以体力劳作为主	顽强的意志品质，良好的观察、记忆、分析和解决问题的能力，非常高的专注力和情绪控制能力	耐力，腰、腹、背及上下肢力量，协调性，手指灵活性	腰、腹、背、上下肢肌群，中枢神经、心肺系统	手指绕铁球、双脚交替跳跃、投掷实心球、哑铃和杠铃等各种上下肢练习，爬绳、俯卧撑、引体向上及其他上下肢静力练习等
全身综合类	汽车运用与维修、市场营销、物流类、航空服务、城市轨道交通运营服务、电气设备运行与控制、旅游、邮轮乘务、土建施工、护理等	长期往返行走或躬身操作，站、坐、蹲、攀、爬相结合操作，体力与脑力劳作结合	顽强的意志品质，良好的情绪控制能力，良好的处理突发事件的能力，精准的分析判断、观察和记忆能力	耐力，腰、腹及上下肢力量，身体对抗性、灵活性、平衡性、稳定性和协调性	腰、腹、背、上下肢肌群，中枢神经、肌肉、心肺系统	快速慢速交替走、短跑、中长跑、灵敏性游戏、攀爬练习，前滚翻、仰卧起坐、壶铃上下肢练习、双脚交替台阶跳等

二、制订职业体能专项锻炼方案

大家已经学习了职业体能发展的一些基本方法，可参考下面的"职业体能锻炼方案"，学习利用自己的工作环境或者实训场地进行职业体能锻炼。

职业体能锻炼方案

专业	汽车运用与维修	岗位类型	综合类
目标肌肉群	腰、腹、背、上下肢肌肉群		
场地与器材	实训车间 轮胎、刹车盘、发动机、汽车后备厢		
锻炼方法	轮胎十字跳、轮胎开合跳、刹车盘弯举+上推、轮胎垫脚俯卧撑、轮胎俯卧撑、轮胎套头上举、刹车盘前平举、轮胎套头蹲、刹车盘上举弓步蹲、刹车盘背部屈伸		
具体实施	①建议在实训课之前、实训课间、体育大课间进行练习； ②根据自身体能情况和时间选择部分或全部练习内容		

注：各种锻炼方法的动作要领请见教学资源库中的视频，也可以选用资源库中的其他锻炼方法进行锻炼。

本书数字资源中提供了各种工作岗位人员利用职场环境因地制宜进行职业体能锻炼的视频，同学们可以从中学习，针对自己未来工作岗位的身体素质要求进行职业体能锻炼。

做一做

分组合作，共同制订自己的职业体能锻炼方案。

要求：

第一步：分组，选定组长，确定组名，填写相关信息。

第二步：每位同学独立设计锻炼方案。

第三步：在组长的带领下，讨论每位同学的锻炼计划，分析优劣，综合小组所有同学的锻炼方法，确定小组锻炼方案的初稿。

第四步：将小组确定的锻炼方案（初稿）在实施之后进行修正，然后与体育教师讨论，形成小组锻炼方案定稿，作为本学期的职业体能锻炼方案。

职业体能锻炼方案

班级		体育教师		组名	
组长		学号			
组员	姓名	学号	姓名	学号	
专业			岗位类型		
目标肌肉群					
场地与器材					
个人锻炼方案					
个人锻炼方案优劣分析					
小组锻炼方案初稿					
小组锻炼方案定稿					
具体实施					

第四节　　制订体能训练计划

一、制订体能训练计划的依据

锻炼一定要有科学性，科学的锻炼是实现锻炼价值的核心——全面发展身体各个部位、器官和系统的生理功能，改善各项身体活动能力，实现身心和谐发展。科学的锻炼是根据自己的健康状况和锻炼目的进行的，包括合理的运动项目、运动强度、运动时间和运动频率。

● 运动项目：根据自身健康状况和锻炼目的选择最适宜的锻炼项目。例如，身材肥胖的人可以选择以有氧运动为主的锻炼方式来减少体脂，改善自身体形，增加肺活量，如游泳、跑步、骑自行车、球类运动等，也可以选择负重器械来锻炼肌肉，增加肌肉量，提高自身代谢水平。身材消瘦的人可以选择以肌肉力量训练为主的锻炼方式，如俯卧撑、单双杠、推拉练习、杠铃哑铃的练习来增加肌肉量，还可以通过踢足球、打篮球来增强身体的对抗性和心肺耐力。对于以发展长跑成绩为目的的体能锻炼，可以选择耐久跑、游泳、跳绳等项目，提高自身的心肺耐力。

中职学生还应结合自己所学专业的职业特点来选择运动项目，从而更好地适应未来的工作岗位，保证身心健康，提高工作效率。

● 运动强度：单位时间内所做的功。适宜的运动强度能达到良好的锻炼效果，不适宜的运动强度不但不能达到锻炼的效果，反而还会对健康不利。

适宜的运动强度，自我感觉应该是运动时不感到心慌、气短，能自由说话；运动后感到适度疲劳，但全身舒适、心情愉快、食欲增加、睡眠改善、精神饱满。反之，若在运动中感到心慌、气急、头晕、恶心、视力模糊，运动后全身疲乏、睡眠差，则说明运动强度过大，则应降低运动强度。

● 运动时间和运动频率：每次运动持续的时间及每周运动的次数。运动时间应视自身健康状况来确定，运动频率过低达不到锻炼效果，反之可能导致运动损伤。

对经常不参加运动或者健康状况差的人，最初参加运动的有效运动时间一般为20~30分钟，运动频率小于每周3次。随着运动的进行，身体素质和健康状况得到提高后，逐渐将运动时间增加到45~60分钟，运动频率增加到每周3次以上。

不同的运动项目，运动的持续时间和运动频率也有所不同。中低强度的有氧运动，每次锻炼一般持续的运动时间为30~90分钟，运动频率为每周3~5次，对于减少体脂、控制体重和提高心肺耐力才有明显的锻炼效果。以肌肉锻炼为主的力量运动项目，每次锻炼时间为30~60分钟，运动频率为每周3~4次。

二、制订自己的体能训练计划

案例

陈兵，男，汽车运用与维修专业，高中二年级学生，微胖，体质健康标准测试成绩不佳。他想在外出实习之前减掉一些脂肪，同时提高自己体质健康测试的成绩，争取总分达到85分以上，为此制订了以下体能训练计划。

训练前陈兵的体质健康测试结果

评价指标	权重	体能维度	成绩	得分
体重指数（BMI）	15%	身体成分	29.1	60分
肺活量	15%	心肺耐力	4 634毫升	95分
50米跑	20%	速度	7秒	100分
坐位体前屈	10%	柔韧性	18厘米	80分
立定跳远	10%	爆发力	2.2米	70分
引体向上（男）/1分钟仰卧起坐（女）	10%	肌肉耐力	7个	50分
1 000米跑（男）/800米跑（女）	20%	心肺耐力	4分06秒	72分
总分			77.7分	

训练目标：<u>减脂塑形、提高体质健康成绩</u>　　　　持续时间：<u>4周</u>

陈兵体能训练计划

选择的运动项目		跑步、篮球、乒乓球、跳绳			
时间	项目	具体计划	累计时间	完成情况	备注
周一	早操（晨练）	慢跑15分钟	65分钟		有专业课
	课外锻炼	慢跑40分钟			
	职业体能训练	轮胎火箭推10分钟			
周二	早操（晨练）	慢跑15分钟	60分钟		有体育课和专业课
	课外锻炼	乒乓球30分钟			
	职业体能训练	轮胎推举15分钟			
周三	早操（晨练）	慢跑10分钟	75分钟		有专业课
	课外锻炼	篮球50分钟			
	职业体能训练	轮胎十字跳、开合跳15分钟			
周四	早操（晨练）	慢跑15分钟	55分钟		有体育课
	课外锻炼	波比跳10分钟，慢跑30分钟			
	职业体能训练	无			

续表

	早操（晨练）	慢跑10分钟		
周五	课外锻炼	变速跑20分钟，跳绳20分钟	70分钟	有专业课
	职业体能训练	刹车盘火箭推10分钟，轮胎套头蹲10分钟		
周末	爬山、骑自行车、游泳等交替进行			

填表说明：
①根据课程表，将锻炼计划细化到每天的各个时间段。
②早操（晨练）学校有统一安排的按照统一安排进行，没有统一安排的自己单独制订。
③每天保证最少1小时的体育锻炼时间。
④中高强度的练习不少于40分钟。
⑤周末计划可以灵活处理，但是至少要保证其中一天的运动时间和强度。
⑥每天如实进行累计时间和完成情况的填写。
⑦职业体能按照之前制订的专项计划，对应课表进行。
⑧有体育课，课外锻炼时间可以适当减少。
⑨经过一周左右的具体实施之后，修改完善锻炼计划。
⑩统计每日计划完成情况及形成计划完成情况报告。

做一做　对照下表，测试一下自己的体质健康状况。

《国家学生体质健康标准（2014年修订）》的评价指标与权重

评价指标	权重	体能维度	成绩	得分
体重指数（BMI）	15%	身体成分		
肺活量	15%	心肺耐力		
50米跑	20%	速度		
坐位体前屈	10%	柔韧性		
立定跳远	10%	爆发力		
引体向上（男）/1分钟仰卧起坐（女）	10%	肌肉耐力		
1 000米跑（男）/800米跑（女）	20%	心肺耐力		
总分				

我的体质健康标准测试成绩是_____，不达标的评价指标是_____，设定的锻炼目标是_____，选择相应的锻炼项目是_____。

了解了自己的体质健康状况，有了锻炼的目标，选择了相应的锻炼项目，再结合自己所学专业未来工作岗位对身体素质的要求，自己制订一个学期的体能训练计划。

计划执行一个月以后，再次进行体质健康测试，并根据测试结果调整训练计划。

居家锻炼方法

现代城市生活的文明病叠加，居家生活、居家办公、久坐不动，再加上食物营养过剩，导致人们的体重、体脂含量容易快速增加，诱发各种疾病。同时，长期居家，焦虑、压抑等不良心理容易累积，滋生烦躁等情绪，甚至破坏免疫能力。以下居家锻炼方法可以帮助我们提高体质健康水平，增强机体免疫力，调节长期居家生活导致的不良心理。

类型	热身练习	素质练习	拉伸练习
提升力量素质	①全身舒张, 4组, 间隔5秒, 低速; ②原地慢跑, 3分钟, 低速; ③屈髋外展, 2组, 每组左右各10次, 间隔5秒, 中速	①平板支撑, 3组, 15秒/组, 间隔20秒, 中速; ②仰卧踩单车, 3组, 20秒/组, 间隔20秒, 中速; ③俯卧撑, 2组, 10个/组, 间隔30秒, 中速; ④开合跳, 3组, 20秒/组, 间隔30秒, 中速; ⑤对侧前后手碰脚, 3组, 30秒/组, 间隔20秒, 中速; ⑥军人爬行, 3组, 20秒/组, 间隔10秒, 低中速	①动态胸部扩张, 3组, 20秒/组, 间隔10秒, 低速; ②跪式起跑者弓步, 2组, 20秒/组, 间隔10秒, 低速; ③坐式向前屈身, 2组, 20秒/组, 间隔10秒, 低速; ④弓式, 3组, 15秒/组, 间隔10秒, 低速
提升心肺耐力	①全身舒张, 4组, 间隔5秒, 低速; ②原地慢跑, 3分钟, 低速; ③跳绳, 2组, 每组1分钟, 间隔30秒, 低中速; ④屈髋外展, 2组, 每组左右各10次, 间隔5秒, 中速	①平板支撑, 3组, 15秒/组, 间隔20秒, 中速; ②仰卧踩单车, 3组, 20秒/组, 间隔20秒, 中速; ③对侧肘碰膝垫步跳, 3组, 20秒/组, 间隔20秒, 中速; ④开合跳, 3组, 20秒/组, 间隔30秒, 中速; ⑤对侧前后手碰脚, 3组, 30秒/组, 间隔20秒, 中速; ⑥垫步直腿跳, 3组, 20秒/组, 间隔10秒, 低中速; ⑦军人爬行, 3组, 20秒/组, 间隔10秒, 低中速	①动态胸部扩张, 3组, 20秒/组, 间隔10秒, 低速; ②跪式起跑者弓步, 2组, 20秒/组, 间隔10秒, 低速; ③坐式向前屈身, 2组, 20秒/组, 间隔10秒, 低速; ④弓式, 3组, 15秒/组, 间隔10秒, 低速
提升柔韧素质	①屈髋外展跳, 2组, 每组左右各10次, 间隔5秒, 低速; ②原地军步走, 2组, 20秒/组, 间隔5秒, 低速; ③向后弓步旋转, 2组, 每组左右各10次, 间隔5秒, 低速	①腕部屈肌和升肌被动拉伸, 3组, 每组左右各1次, 间隔10秒, 低速; ②徒手蹲, 3组, 10~15次/组, 间隔15秒, 中速; ③小腿腓肠肌拉伸, 3组, 每组左右各8~12次, 间隔15秒, 低速; ④肱三头肌拉伸, 3组, 每组左右各10次, 间隔10秒, 低速; ⑤三角式, 3组, 每组左右各10~15秒, 间隔15秒, 低速; ⑥仰卧踩单车, 3组, 20秒/组, 间隔15秒, 中速; ⑦股四头肌行进拉伸, 3组, 每组左右各8~12次, 间隔10秒, 低速	①动态胸部扩张, 2组, 10~15次/组, 间隔10秒, 低速; ②仰卧单腿转髋, 2组, 每组左右各20秒, 间隔10秒, 低速; ③俯卧W字, 2组, 5次/组, 间隔10秒, 低速
提升灵敏协调素质	①屈髋外展跳, 2组, 每组左右各10次, 间隔5秒, 低速; ②原地军步走, 2组, 15秒/组, 间隔5秒, 中速; ③向后弓步旋转, 2组, 每组左右各10次, 间隔5秒, 低速	①螃蟹爬行, 3组, 15秒/组, 间隔10秒, 低中速; ②军人爬行, 3组, 20秒/组, 间隔15秒, 低中速; ③振臂跳, 3组, 每组左右各15次, 间隔15秒, 中速; ④十字向心跳, 3组, 25次/组, 间隔15秒, 中速; ⑤对侧前后手碰脚, 3组, 20秒/组, 间隔15秒, 低中速; ⑥横向桌式爬行, 3组, 15秒/组, 间隔10秒, 低中速; ⑦垫步直腿跳, 3组, 每组左右各10~15次, 间隔15秒, 中速	①仰卧T字, 2组, 5次/组, 间隔15秒, 低速; ②跪式起跑者弓步, 2组, 每组左右各20秒, 间隔15秒, 低速; ③舞者动作, 2组, 每组左右各20秒, 间隔15秒, 低速

测一测

一、填空题

1.中职学生体能训练分为_____、_____、_____三类。

2.体能训练的原则有_____、_____、_____、_____、_____
_____。

3.体育锻炼是根据自己的健康状况进行的，包括合理的_____、_____、
_____。

二、简答题

与健康和运动技能有关的体能要素有哪些?

学习评价

经过一段时间的学习，你已经取得了一定的进步，请对自己学习体能的表现、学习效果、健康行为的养成和体育精神的塑造作一个评价。

核心素养	评价内容	等级			
		优秀	良好	中等	有待提高
运动能力	基本掌握发展力量素质的训练方法				
	基本掌握发展速度素质的训练方法				
	基本掌握发展耐力素质的训练方法				
	基本掌握发展柔韧素质的训练方法				
	基本掌握发展灵敏度的训练方法				
	基本掌握热身运动的训练方法				
	基本掌握拉伸放松的训练方法				
健康行为	能够制订和实施职业体能锻炼方案				
	能够制订和实施体能训练计划				
	能够在运动前进行有效热身，运动后积极放松				
	能够坚持体能训练				
	能够运用运动安全与防护知识，预防常见的运动损伤				
体育精神	在体能训练中展现积极进取、顽强拼搏的意志品质				
	小组学习中与同学们团结协作、互相帮助、互相鼓励				
	能克服体能训练中的畏难情绪				
	能够表现对自己体质健康负责任，对小组活动敢担当、善担当的行为				

扩展模块 A

第三章

田径运动

学习目标

● 了解田径运动的起源和发展,认识田径运动的文化价值和健身价值,了解田径运动的基本规则。

● 掌握发展跑、跳、投掷能力的练习方法,通过参与田径运动,发展体能,增强体质,养成良好的锻炼习惯,提高体育素养,培养勇于担当的奉献精神。

● 通过参与田径比赛,培养拼搏进取、公平竞争的优良品质。

第一节　　　认识田径运动

田径运动是走、跑、跳跃、投掷等运动项目及由其部分项目组成的全能运动项目的总称。田径项目是奥林匹克运动的核心竞赛项目，在公元前776年的首届古代奥运会上就已出现。在古罗马时期，田径比赛已十分流行。在现代奥运会上，田径比赛仍然有着不可动摇的地位。

田径运动是所有运动项目的基础，大多数项目的运动员都要运用一些田径运动手段来锻炼、发展和提高体能。

常见的田径比赛项目

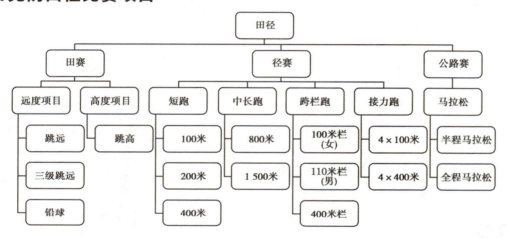

田径运动的特点

田径运动是一个比速度、耐力、力量的项目，需要运动员在短时间内展现最快的速度和最大的力量，所以对运动员的身体素质要求很高。

田径运动的强度大，赛事也非常激烈，而且与其他运动项目相比，竞争性更强。

田径运动项目多、锻炼形式多样，不受人数、年龄、性别和季节的影响，便于广泛开展。

> **田径比赛的奥运之路**
>
> 最早的田径比赛是公元前776年在希腊奥林匹克村举行的首届古代奥运会上进行的，项目只有一个——短距离赛跑，跑道为一条长192.27米的直道。公元前708年的第十届古代奥运会才正式列入了跳远、铁饼、标枪等田赛项目。
>
> 1894年，在法国巴黎成立了现代奥运会组织。1896年，在希腊举行了第一届现代奥运会，在这届奥运会上，田径的走、跑、跳跃、投掷等项目被列为大会的主要竞技项目。

参加田径运动的益处

经常系统科学地参加田径运动，能促进人体的新陈代谢，改善神经系统的调节功能和内脏器官的机能，提高人体健康水平和工作能力。

田径运动训练能够全面发展身体素质，从而提高其他运动项目的水平。

参加田径运动不但需要掌握其技术要领，更需要具有顽强的毅力，从而培养勇敢、果断、顽强的意志品质。

参加田径运动有利于培养与人交往和团体协作的能力，养成遵章守纪的良好习惯。

标准田径场地

标准半圆式田径场地第一分道周长为400米，是由两个平行的直道和两个半径相等的弯道组成的环形跑道。场内一般是标准足球场和各项田赛场地；除直道外侧可布置跳跃项目的场地外，其他田赛项目应布置在环形跑道内侧。

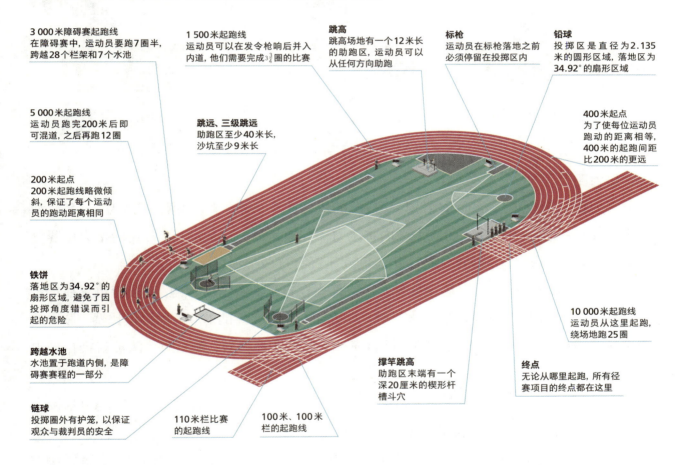

3 000米障碍赛起跑线
在障碍赛中，运动员要跑7圈半，跨越28个栏架和7个水池

5 000米起跑线
运动员跑完200米后即可混道，之后再跑12圈

200米起点
200米起跑线略微倾斜，保证了每个运动员的跑动距离相同

铁饼
落地区为34.92°的扇形区域，避免了因投掷角度错误而引起的危险

跨越水池
水池置于跑道内侧，是障碍赛赛程的一部分

链球
投掷圈外有护笼，以保证观众与裁判员的安全

1 500米起跑线
运动员可以在发令枪响后并入内道，他们需要完成3¾圈的比赛

跳远、三级跳远
助跑区至少40米长，沙坑至少9米长

110米栏比赛的起跑线

100米、100米栏的起跑线

跳高
跳高场地有一个12米长的助跑区，运动员可以从任何方向助跑

标枪
运动员在标枪落地之前必须停留在投掷区内

撑竿跳高
助跑区末端有一个深20厘米的楔形杆槽斗穴

铅球
投掷区是直径为2.135米的圆形区域，落地区为34.92°的扇形区域

400米起点
为了使每位运动员跑动的距离相等，400米的起跑间距比200米的更远

10 000米起跑线
运动员从这里起跑，绕场地跑25圈

终点
无论从哪里起跑，所有径赛项目的终点都在这里

跑

短跑

在田径赛事中，短跑一般包括60米跑、100米跑、200米跑、400米跑。

短跑可以分为4个阶段：起跑阶段、加速阶段、途中跑阶段、冲刺阶段。

- 起跑阶段：起跑时应以保持身体的平衡和获得最大速度为目的。

- 加速阶段：起跑后的加速跑时，步幅逐渐加大，上体逐渐抬起，在30米左右完全抬起。

● 途中跑阶段：途中跑时，支撑腿前脚掌落地支撑，迅速有力蹬直；摆动腿有力向正前方摆平（与地面平行）；手臂有力大幅度摆动；身体保持正直，眼睛目视前方；跑动中注意放松。

● 冲刺阶段：在离终点线15～20米处开始冲刺，上体略向前倾，加强摆臂和后蹬；到达终点线前一步距离时，身体急速前倾，双臂后摆，以躯干部位撞终点线。跑过终点后，逐渐减慢跑速。

准备姿势
运动员单膝跪地，双脚贴合在起跑器的蹬板上

重心前移
肩略超过起跑线

摆臂
用力摆动手臂使身体加速向前

低头
眼睛看着跑道有助于运动员保持较低的重心

各就位
两手分开，比肩稍宽，手指呈拱桥状放在起跑线上

预备
当听到"预备"口令时，运动员的臀部微抬到比肩稍高的位置

起跑
当听到发令枪响时，运动员用力蹬踏起跑器

蹲距式起跑技术

接力跑

接力比赛集短跑比赛的激烈性与交接棒的戏剧性于一体，十分刺激。比赛中，4名运动员中的任意一名必须在规定的接力区内将接力棒传递给下一位运动员。常见的接力比赛分为4×100米和4×400米两个项目，男子和女子都有这两个项目。

在4×100米的比赛中，运动员自始至终都要在自己的赛道内奔跑，交接棒也要在规定的区域内完成；而在4×400米的比赛中，运动员可在第二棒的100米后混道比赛。最后的两次接棒，裁判员会根据该队当时的排名安排不同的接棒位置，领先的一队被安排在最内道交接棒。

● 上挑式接棒：接力棒在向上运动的过程中被传递。这种方式常用于4×100米接力中，接棒运动员要在下次交接前调整棒的位置。

● 下压式接棒：接力棒在向下运动的过程中被传递。这种方式常用于4×400米接力中，且传递的风险系数小于上挑式接棒。

接棒者的手
接棒者手心向下，准备抓住向上运动的棒

接力棒
接力棒通常为空心铝制管，长30厘米、直径4厘米、重约50克

上挑式接棒

交接棒的技巧在于传与接同时进行

接棒者的手
手心向上，一触即握

下压式接棒

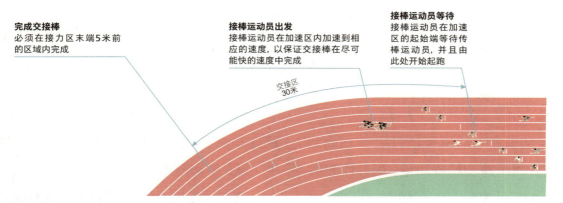

交接棒后
接棒的运动员要尽可能地加速奔跑,完成自己这一棒的距离

传棒
手臂前伸,力争将接力棒准确地传递给接捧者

平稳传递
在比赛中保证不掉棒是十分关键的

接棒
接棒的运动员在加速前跑的同时将手置向后方,准备从传棒运动员的手中接棒

在赛道内奔跑
如果运动员在接力区外交接棒或是跑出了本队的赛道,将被取消比赛资格

接力赛技巧
接力赛是一项讲究战术技巧的比赛,选手顺序与接力棒的交接技术至关重要。通常跑得最快的选手跑最后一棒。

完成交接棒
必须在接力区末端5米前的区域内完成

接棒运动员出发
接棒运动员在加速区内加速到相应的速度,以保证交接棒在尽可能快的速度中完成

接棒运动员等待
接棒运动员在加速区的起始端等待传棒运动员,并且由此处开始起跑

交接区
30米

中长距离跑

最常见的中距离跑项目是800米和1500米,在田径比赛中,通常也包括3000米障碍赛。

长距离跑项目包括5000米、10000米、越野跑和马拉松,其中5000米、10000米和马拉松是奥运项目。5000米和10000米在田径场的跑道上进行,而马拉松一般在主办城市的街道上进行。

中长跑技巧
中长跑最重要的技巧就是控制速度。运动员跟随领跑者,适时调整自己的速度。如果运动员跑得相对较慢,就无法超越前面的运动员;如果运动员跑得过快,形成短暂的领先,往往由于无法保持优势导致在冲刺前掉队。

● 起跑:中距离跑采用半蹲踞式或站立式起跑;长距离跑采用站立式起跑。

● 合理的呼吸:正常跑速,3步1呼,3步1吸;跑速增加,2步1呼,2步1吸;冲刺时,1步1呼,1步1吸。

● 途中跑:上体正直或稍前倾,头部自然,眼平视,面部和颈部的肌肉要放松;脚步动作要尽量减少腾空时间,以后脚掌先落地,迅速向前脚掌滚动,步幅适中。

● 摆臂动作:两臂稍微离开躯干,肘关节自然弯曲,以肩为轴前后自然摆动,摆幅要适当。

跨栏跑

跨栏跑是在快速奔跑中跨过固定距离及一定高度栏架的综合性径赛项目。常见的跨栏跑项目有100米栏（女子）、110米栏（男子）、400米栏。跨栏跑的成绩是由运动员的过栏技术、栏间跑速度及跨跑结合技术决定的。

起跨腿

摆动腿

注意事项
做好热身运动，避免在比赛中受伤；合理安排比赛中的补水时间；赛后积极放松；选择适当的跑步装备，以减轻长时间奔跑时地面对身体的反作用力。

现代马拉松
马拉松一般分为全程马拉松（42.195千米）和半程马拉松（21.097 5千米）两个项目。为了提高马拉松运动的参与度，每个城市的马拉松比赛还会出现类似于5千米马拉松、亲子马拉松等大众参与的项目。

想一想　｜　①马拉松比赛有哪些魅力？
　　　　　　｜　②现代马拉松对于举办城市有什么意义？

跳

跳远

跳远是最古老的田径项目之一，包括男子跳远和女子跳远。跳远有五大要素：快速助跑、对最后两个跨步精确测量、爆破性起跳、空中飞跃、平衡落地。

跳远的三种主要姿势：蹲踞式、挺身式和走步式。这三种姿势不分对错与好坏，选择适合自己的才是最重要的。

● 蹲踞式跳远：起跳腾空后，摆动腿上抬，踏跳腿快速跟上，身体成蹲踞姿势，两腿前伸落沙坑，屈膝缓冲安全落地，身体重心尽量向前。

蹲踞式跳远

● 挺身式跳远：在这种跳跃中，运动员从起跳到到达最高点即准备下落的时候，四肢要始终展开，这是防止身体后仰并取得好成绩的重要保证。

挺身式跳远

● **走步式跳远**：通过运动员的双腿在空中摆动，使身体尽量向上形成弧线，落地时脚先着地，然后身体前倾，以防身体落到沙坑后向后仰。

走步式跳远

小贴士

无论运动员从哪里开始起跳，每一个有效的跳远测量都是从起跳板的最前边界开始，一直到落在沙坑上的离测量起始点最近的印记。

快速助跑是跳远中一个重要的决胜因素。优秀的跳远运动员通常也是100米或200米的短跑高手。

身体重心
在腾空过程中，运动员为了将身体伸展开来，会把重心向后移；当他落地的时候，身体前倾，以避免入坑后身体后仰

犯规判定
如果鞋印被印在了踏板前方的标志线上，那么这一跳就会被视为犯规

起跳点
起跳点设在跑道上，它上面是一个有弹力的起跳板

20厘米

三级跳远

三级跳远是运动员由助跑开始，沿直线连续进行三次水平跳跃的田径项目。田径规则规定：三级跳远的第一跳为单足跳，第二跳为跨步跳，第三跳为跳跃，"一平二高三远"是三级跳远的练习口诀。

跳高

跳高是所有田径赛事中必设的比赛项目。其比赛要求运动员通过助跑、起跳等技术动作越过横杆。跳高对运动员的身体和技术都有很高的要求，运动员的速度、柔韧性和协调性是很重要的。

● **跨越式跳法**：直线助跑后迈步起跳，内侧腿首先跨杆。
● **俯卧式跳法**：当达到跃起的最高点时，运动员旋转身体，面向下方，越过横杆。
● **背跃式跳法**：运动员采取弯曲的助跑路线，然后外侧脚起跳，先将头和肩越杆，随后背部弓起越杆。

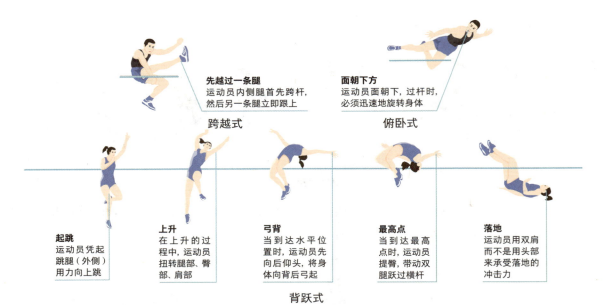

先越过一条腿
运动员内侧腿首先跨杆，然后另一条腿立即跟上

跨越式

面朝下方
运动员面朝下，过杆时，必须迅速地旋转身体

俯卧式

起跳
运动员凭起跳腿（外侧）用力向上跳

上升
在上升的过程中，运动员扭转腿部、臀部、肩部

弓背
当到达水平位置时，运动员先向后仰头，将身体向背后弓起

最高点
当到达最高点时，运动员提臀，带动双腿跃过横杆

落地
运动员用双肩而不是用头部来承受落地的冲击力

背跃式

投掷

铅球

铅球是田赛投掷项目之一，运动员在规则的要求下，力争将铅球投掷得更远。铅球运动要求运动员具备速度、柔韧性、协调性和力量。投掷铅球的方法主要有侧向滑步推铅球、背向滑步推铅球和旋转式推铅球。

● 背向滑步推铅球：右手持球，背对投掷方向，左大腿向后方摆动，同时右腿蹬离地面，右脚沿地面滑行至投掷圈中心部位，接着右腿迅速内扣，左脚以内侧掌着地，形成背向，用力开始姿势。然后，右腿用力向投掷方向蹬转，带动髋关节也向同一方向转动，使髋轴转动超过肩轴，上体形成扭紧姿势。

● 旋转式推铅球：此方法的旋转非常类似于铁饼运动员的旋转，这种旋转能使运动员更容易达到最快的出手速度。这是当今铅球运动员使用最多的一种方法。

> **投掷铅球的规则**
>
> 每个运动员有三次试投机会，每一次投掷，选手都可以触碰到投掷圈前方的抵趾板内侧，但绝不可以踩上去，否则属违例，成绩无效。投掷的距离是从铅球第一次落地的位置到投掷圈抵趾板内缘的长度。

女子比赛用球
4千克

男子比赛用球
7.26千克

9.5～11厘米

11～13厘米

防滑
运动员有时往脖子上抹防滑粉末，以免铅球滑动

投掷圈
投掷圈低于地面2厘米，地面用水泥铺成，表面不能打滑

比赛用鞋
鞋底有助于运动员滑动和旋转

抵趾板
约10厘米高，一般用木料制成并染成白色，它标记了投掷圈的前端边线

2.1米

铅球
铅球由铁、铜或其他硬度不低于铜的金属材料制成。

落地区
落地区是一个圆心角为34.92°的扇形区域，它的边线一般不超过30米长。

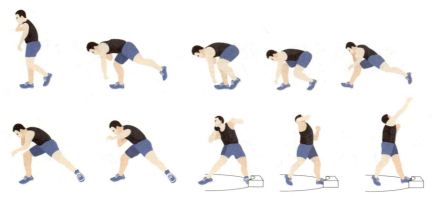

背向滑步推铅球

第二节　发展跑的能力

通常我们所说的跑的能力包括快速跑的能力和耐力跑的能力，简称短跑能力和长跑能力。

快速跑能力由步长、步频以及协调性决定。影响步长的因素包括肌力、腿长、柔韧性；影响步频的因素有神经兴奋与抑制转化过程的快慢、快缩肌纤维在肌肉构成中所占的百分比；而协调性则包括肌肉的放松能力和技术掌握的熟练程度。

发展耐力跑的关键是提高最大摄氧量，它是有氧耐力的指标。运动时每分钟能够吸入并被身体利用的氧的最大数量，就是最大摄氧量。

练一练

①跑的专门练习，如小步跑、高抬腿、后踢腿、后蹬跑等。
②逐渐加速跑练习，如30~50米加速跑。
③按照自己的节奏和速度进行跑与快走的交替练习。
④根据自己的身体素质情况，尽力以匀速完成1 500~3 000米跑的练习。

训练提示

①注意步频、步长，强调后蹬、大小腿折叠、前摆送髋、大腿下压，可用敏捷梯练习进行辅助。
②以提高自己身体素质为目的，胜负欲不可太强，量力而行，注意安全。

什么是"极点"和"第二次呼吸"

● 中长跑时，当跑过一段距离后，会感到胸闷、气短、浑身无力、身体难受，有不想继续跑的感觉，这种现象在运动生理学上称为极点。
● 出现极点时应做深呼吸、大步幅、大摆臂，控制好呼吸节奏和步频（2步1呼1吸或3步1呼1吸）。这样，经过一段距离后，呼吸会变得均匀，动作变得轻松，不适感觉消失，这就是所谓的"第二次呼吸"状态。

第三节　　　　发展跳的能力

发展跳的能力，可以从以下几个方面入手：

①提高大腿、小腿和腰腹力量。跳跃能力主要取决于腿部力量，以向前为主的跳跃对踝关节的力量要求更高；以向上为主的跳跃对膝关节的力量要求更高。有些运动的跳跃，如篮球运动，既要向上又要向前，不仅对膝、踝关节的力量要求高，对腰腹力量也有较高的要求。

②提高协调性。尽管走、跑、跳是人类最基本的活动能力，但运动中的许多跳跃动作是日常生活中很少发生的。因此，发展跳跃能力，除了提高腿部等力量外，还需要做一定的协调性练习。

③发展跳跃能力，还需要与专项运动练习相结合。不同的运动有不同的跳跃方法，在用力的先后顺序、身体的配合、动作结构上都有变化，只有采用与专项技术结构相同的练习才能有效地发挥自身潜在的身体能力。

一、发展跳远能力训练方法

● 2～3步助跑踏跳板接跳箱：距跳板2～4米站立，上2～3步踏跳板，另一只腿踏上跳箱，用力蹬伸跳起，成挺身姿势后两腿迅速并拢，收腹举腿落地。

2～3步助跑踏跳板接跳箱

● 原地弓步并腿跳：弓步站立，两臂向前上方摆起，用力蹬地向上跳起，两腿迅速并拢收腹落地。

● 原地立定跳橡皮筋：橡皮筋高度为30厘米左右，人距橡皮筋60厘米处站立，起跳后尽量使两腿向胸前靠，两腿尽量越过橡皮筋。两腿向前伸落入沙坑。

原地弓步并腿跳

● 连续跳台阶：20级左右台阶，每次跳跃3～4级，连续进行。

原地立定跳橡皮筋

连续跳台阶

- 向前单足跳：左腿（或右腿）连续向前大幅度单足远跳，两臂前后配合摆动。练习时左右腿交换数次。
- 负重杠铃半蹲跳（30 ~ 60千克）。

向前单足跳　　　　　　　负重杠铃半蹲跳

- 连续兔跳：全蹲或半蹲，两手体后互握，身体正直，两腿用力蹬地向前跳进。连续进行练习。
- 蛙跳：半蹲开始，两臂前摆，两腿蹬地向前跳出，两腿前伸落地，保持半蹲姿势继续向前。

连续兔跳　　　　　　　　　　蛙跳

二、发展跳高能力训练方法

- 原地蹲起跳：半蹲或全蹲，两臂后摆后迅速用力向上快速摆动，两腿用力向上蹬伸，尽可能获得最高的腾空高度。
- 连续跳跃栏架：栏架高70 ~ 100厘米，距栏架50 ~ 80厘米处双腿起跳越过栏架。
- 连续上步摸高：上步两臂迅速上摆，两腿用力蹬伸跳起，单手尽量摸空中的标志物。落地后再上跨一步重复前一动作。

原地蹲起跳　　　　连续跳跃栏架　　　　　　　连续上步摸高

● 单跳双落起跳后弓步跳：一腿前迈另一腿蹬伸用力跳起，并拢落地，接着用力蹬伸向上跳起，空中成弓步，然后并拢落地缓冲。

● 过杆和落地：背对垫子，原地向后上方跳起，同时倒体挺髋，展体成背弓姿势，然后以肩背落垫。

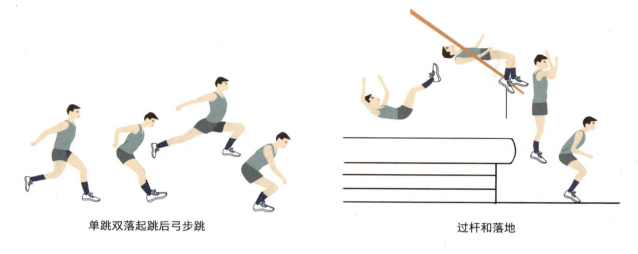

单跳双落起跳后弓步跳　　　　　　　　　　过杆和落地

游戏：跳长绳　要求：摇绳队员相距3米站立，由教师宣布游戏开始，同时计时。8名跳绳队员鱼贯而入，按"8"字形依次从摇绳者甲左侧跑入绳中，完成一次跳跃后，斜向跑出绕行到摇绳者乙右侧等候。待第8名队员跳完后，继续依次轮流进行，直到教师宣布游戏结束。

第四节　发展投掷的能力

发展投掷的能力，主要是发展投得远和投得准的能力，可从以下几个方面入手：

①发展投掷能力，除了必须发展腕、肘、肩、背的爆发力外，还要发展下肢、腰腹的爆发力。大多数投掷项目在技术上有形成"背弓"的特点，因此发展肩、背力量和膝、髋、腹等身体前群肌肉的力量是非常重要的。

②要想投得远，还要发展身体的协调能力。大多数投掷都是先由下肢发力，带动腰腹用力，最后才是肩、肘、腕依次用力；有不少投掷还需要助跑、滑步、预摆、旋转等辅助动作。每种投掷由于动作结构的不同，对身体不同部位的用力关系要求也是不一样的，建议多做一些专门的模仿练习。

③有些投掷不但要投得快或投得远，还要投得准。掌握正确的挥臂方法，尤其是手腕对器械精确控制的方法，对发展手眼配合能力十分重要。一般这类投掷练习多与投掷目标相配合，通过不断强化，最终能够投掷准确。

一、发展投掷能力训练方法

- 卧推杠铃：30 ~ 60千克。
- 站立姿势快速推举：15 ~ 30千克。
- 原地向上推球：两脚开立，右手持球于肩部上方，掌心朝上托住球，两腿弯曲后用力蹬伸，将球向上推出。
- 原地向下推球：两脚左右开立，上体前屈，左手在胸前托住铅球，右手掌心朝下，然后迅速向下用力推球。
- 原地半侧向前推球：持球后上体稍后仰，右手臂向后引伸，右腿蹬伸送髋，带动躯干向投掷方向用力将球推出。

卧推杠铃　　　　　　原地向上推球　　　　　原地向下推球　　　　原地半侧向前推球

二、掷实心球训练方法

- 原地双手前抛实心球：两脚开立，持球后，两腿弯曲，手臂下摆，双腿用力蹬伸，带动手臂向前上方抛球。
- 原地双手后抛实心球：两脚开立，背对抛球方向，双手握球于头上方，两腿弯曲，双手下摆于大腿内侧；然后两腿快速蹬伸，躯干后倾，双手用力将球向后抛出。
- 仰卧起坐接上抛实心球：屈膝并腿仰卧，双手持球于头上，随后迅速做仰卧起坐，双臂同时向前抛球，抛出的球由同伴接住。
- 原地正面上手抛实心球：两脚前后站立，双手持球于头上方，后腿弯曲，上体后仰，后腿快速蹬伸，上体前摆，带动手臂向前上方将球抛出。

原地双手前抛实心球　　原地双手后抛实心球　　仰卧起坐接上抛实心球　　原地正面上手抛实心球

训练提示

动作要领（以原地正面上手抛实心球为例）：面对投掷方向，两脚前后或左右开立，身体重心落在右脚（后面那只脚）或两腿之间，两膝微屈，双手举球至头的后上方，然后利用双脚蹬地、收腹、挥臂的力量将球用力由头后向前上方掷出。

用力顺序：两腿用力蹬地，送髋展胸，两臂用力掷球。出手速度要快，用力要猛。

易犯错误：没有充分利用蹬腿、收腹的力量，仅利用双手的力量将球掷出。

游戏：
丢沙包　｜　要求：将参加游戏的人分为两组，一组扔沙包，另一组躲沙包。扔沙包的一组再分为两组站在场地的两端，躲沙包的一组站在中间。两端扔沙包的轮流砸中间躲沙包的人，如被砸中则退下。如果躲沙包的人接住沙包，则多一次游戏机会。直到躲沙包的人全部退下，两组人互换，游戏重新开始。

测一测　｜　测一测自己的跑、跳、投运动能力，看看是否达到《国家学生体质健康标准（2014年修订）》的要求。

第五节　　　　欣赏田径比赛

一、著名田径赛事

● 世界田径锦标赛

世界田径锦标赛是创始于1983年的国际性田径赛事，主办机构是国际田径联合会，最初是每四年一届，1991年起改为每两年一届。

● 奥运会田径比赛

自1896年首届现代奥运会开始，田径运动都是主要的比赛项目。从1928年第九届奥运会起，增设了女子田径项目。田径是奥运会金牌最多的项目。

● 国际田联钻石联赛

国际田联2010年推出的一项覆盖全球的田径系列赛，简称钻石联赛。比赛设14站，其中包括中国上海站。国际田联钻石联赛设立32个单项，包括男子女子100米、200米、400米、800米、1 500米、5 000米、400米栏、3 000米障碍、跳高、跳远、三级跳、撑竿跳、铅球、标枪、铁饼，男子110米栏、女子100米栏等。

二、欣赏田径比赛

①不同项目看点不同。不同田径项目需要的瞬时爆发力、体力、耐力以及综合能力有着较大差异，在观赛时要从不同角度去领略其魅力。例如，短跑欣赏运动员的爆发力，长跑欣赏运动员的耐力等。

②领略选手优美的姿态和挑战自我极限的风采。大多数田径项目不借助任何道具，比赛成绩直接取决于选手自身的力量。在比赛中，选手们矫健的身姿，临危不乱、挑战自我、超越极限的精神，都会使全场观众发出由衷的赞叹。

③被欣赏的欣赏者。田径场上一般有两道风景最为抢眼，一是运动员，一是现场观众。现场观众充当广大观赏者的代表，吸引了赛场外电视、网络等观众的注意力。现场观众既是欣赏者，也是"监督者"，他们注视并维护比赛规则。因此，现场观众是赛场气氛的主要烘托者，是"被欣赏的欣赏者"，他们的表现美、素质美和精神美也增添了田径赛场的精彩。

奥运冠军——刘翔 | 刘翔，在2004年雅典奥运会上以12秒91的成绩平了由英国名将科林·杰克逊保持的男子110米栏世界纪录。这枚金牌是中国男选手在奥运会上夺得的第一枚田径金牌，书写了中国田径新的历史！在2006年7月的洛桑田径大奖赛上，刘翔又以12秒88秒打破了世界纪录，再次震惊世界！2007年8月，刘翔以12秒95的成绩夺得田径世锦赛男子110米栏冠军，这也是中国男选手在世锦赛上获得的第一个世界冠军。2008年3月，刘翔在西班牙室内世界田径锦标赛上获得60米栏冠军。刘翔成为集奥运冠军、世锦赛冠军、室内世锦赛冠军和世界纪录保持者于一身的大满贯得主。
刘翔是为中国和世界的田径事业做出重大贡献的优秀运动员，他一直用顽强的意志同伤病作斗争，积极治疗，刻苦训练，体现出一位优秀运动员的坚强意志和追求卓越的奥林匹克精神。

测一测 | 一、填空题

1.现代田径运动通常分为_____、_____和_____三大类。

2.短跑通常分为_____、_____、_____和_____4个阶段。

二、简答题

1.为什么说田径运动是其他运动项目的基础？

2.查一查我国有哪些著名的田径运动员。

学习评价 | 经过一段时间的学习，你已经取得了一定的进步，请对自己学习田径项目的表现、学习效果、健康行为的养成和体育精神的塑造作一个评价。

核心素养	评价内容	等级			
		优秀	良好	中等	有待提高
运动能力	基本掌握所学田径运动技术				
	能够制订和实施个人田径专项发展计划				
	了解田径比赛规则，并能在比赛中运用				
	能运用所掌握的田径运动技术参加比赛				

续表

核心素养	评价内容	等级			
		优秀	良好	中等	有待提高
健康行为	能够在运动前进行有效热身,运动后积极放松				
	能够积极参加各种田径运动,并养成良好的锻炼习惯				
	能够正确对待田径比赛的胜负,有效控制情绪,处理好各种人际关系				
	能够较快适应各种比赛环境,并能有效预防和处理常见运动损伤				
体育精神	在田径比赛中展现积极进取、顽强拼搏的意志品质				
	在比赛中能遵守竞赛规则,服从裁判,尊重对手				
	在田径比赛中诚实守信,具有公平竞争的意识和行为				
	在练习、比赛中追求"更快、更高、更强——更团结"的奥林匹克精神				
	能与他人分享田径比赛的资讯和自己的见解				

第四章

足球运动

学习目标

● 了解足球运动的起源和发展，认识足球运动的文化价值和健身价值，会欣赏足球比赛。

● 初步掌握足球运动的基本技术、基本战术、基本规则和练习方法，通过参与足球比赛不断提高足球运动水平，增强对足球运动的兴趣。

● 通过参与足球运动，发展体能，增强体质，提高与未来职业相适应的身体素质。

● 通过参与足球比赛，培养勇敢顽强、机智果断、团结互助、热爱集体的优良品质。

第一节　　　　　　　认识足球运动

　　足球运动是一项以脚支配球为主，比赛双方互为攻守对抗，以射门得分多少判定胜负的集体运动项目。足球以它超凡的魅力被称为"世界第一运动"，已成为一种世界性的社会文化。

足球运动的特点

　　足球运动强调技战术思想的统一，整体意识较强；比赛中双方竞争激烈，为了争夺控球权，往往攻守转换极快，拼抢异常凶猛，扣人心弦；足球技术多姿多彩、战术变幻莫测、胜负结局难以预料，这给足球运动带来了很大的魅力，极具观赏性；足球运动需要运动员有良好的身体素质，一场90分钟的比赛，在近8 000平方米的场地上要跑动少则6 000米多则10 000米以上，还要完成上百个有球和无球的技术动作；足球竞赛规则简单明了；一般性足球比赛对场地、器材、时间、参赛人数没有严格限制，因而广受欢迎。

足球运动的起源与发展

足球运动是一项古老的体育运动。据史料记载，我国古代就有一种类似足球的运动，称为"蹴鞠"。"蹴"就是用脚踢的意思；"鞠"是指用毛发填充皮革缝制的球。汉代已有专供蹴鞠比赛的场地，曰"鞠域"。在唐宋时期，"蹴鞠"活动更加繁荣，宋代就有了完善的蹴鞠规则。

现代足球的起源地是英国。1857年，英国成立了第一个足球俱乐部。1863年，英国成立了世界上第一个足球组织——英格兰足球协会，并制订了14条足球规则。1900年，在第二届奥运会上足球成为正式比赛项目。1904年5月21日，在巴黎成立了国际性足球组织——国际足球联合会（简称"国际足联"），英文缩写为"FIFA"。

校园足球战略　|　2014年11月，国务院召开青少年校园足球工作全国电视电话会议，贯彻落实习近平总书记、李克强总理关于抓好青少年足球、加强学校体育工作重要指示精神。

会议决定：由教育部牵头自2015年起在全国实施"校园足球战略"。计划到2025年，在全国创建50 000所校园足球特色学校。

参加足球运动的益处

　　踢足球需要快速奔跑、快速反应，是发展速度、耐力、灵敏度最好的运动项目，对提高心肺功能、增强腿部力量效果显著。

　　足球比赛中，每位队员的角色不断变化，时而防守，时而进攻，时而得意，时而失意，就如同人生的舞台，能够让同学们体验社会生活的丰富多彩。

　　足球比赛中经常发生身体的冲撞、跌倒，可以培养学生勇敢顽强、坚韧不拔、机智果敢、勇于克服困难的优良品质，为适应未来工作打下坚实基础。

场地

足球比赛一般在一块平坦的长方形草地或人造草地上进行。场地的大小和标记符号如下图所示，国际比赛足球场地长度为100～110米，宽度为64～75米。

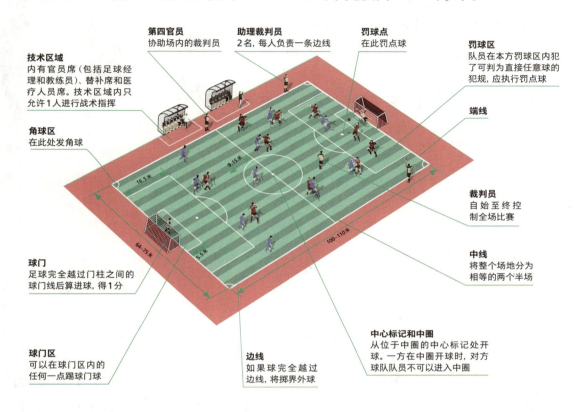

第四官员
协助场内的裁判员

助理裁判员
2名，每人负责一条边线

罚球点
在此罚点球

罚球区
队员在本方罚球区内犯了可判为直接任意球的犯规，应执行罚点球

技术区域
内有官员席（包括足球经理和教练员）、替补席和医疗人员席。技术区域内只允许1人进行战术指挥

角球区
在此处发角球

端线

裁判员
自始至终控制全场比赛

中线
将整个场地分为相等的两个半场

球门
足球完全越过门柱之间的球门线后算进球，得1分

球门区
可以在球门区内的任何一点踢球门球

边线
如果球完全越过边线，将掷界外球

中心标记和中圈
从位于中圈的中心标记处开球。一方在中圈开球时，对方球队队员不可以进入中圈

球员的作用

在比赛场上，一支足球队有11名队员，包括前锋、前卫、后卫和一名守门员。队员根据自身技术特点和风格选择各自的位置。前锋的主要任务是得分，要求拥有速度、果断灵活的头脑和娴熟的技术，同时射门准确度高；前卫是前锋和后卫的连接中枢，其主要任务是组织进攻和参与防守；后卫协助守门员保护本方的球门，防止对方得分；守门员在罚球区可以用手接球，全力阻止对方进球得分。足球比赛中允许有替补球员，但是一旦球员被替换下场，则不允许其再参加本场比赛。

第二节	学踢足球

学踢足球需要从足球的基本技术开始，熟悉球性，掌握运、传、接、抢等基本技术。

一、颠球

颠球是指运动员用身体的有效部位连续地触击球并加以控制，且使球不落地的技术动作。颠球是增强练习者球感和控球能力的有效练习方法。

● 脚背正面颠球：脚向前上方摆动，用脚背击球，踝关节适当放松，两脚可交替进行，均匀发力。

● 大腿颠球：抬腿屈膝，用大腿的中前部位向上击球底部，两腿交替进行。

● 头部颠球：双脚开立，膝盖微屈，用前额部位连续顶球的底部，两眼注视球，双臂自然张开，保持身体平衡。

脚背正面颠球　　　　大腿颠球　　　　头部颠球

练一练　①一人一球单一部位颠球练习。体会触球的时间、部位、力量和整个动作的协调配合，身体放松。

②多部位颠球练习。用脚背、大腿、头部以及身体各有效部位触球，掌握好触球力量，尽量不让球落地。

③两人或多人连续颠球练习。每人可触球一次后颠给对方，也可触球多次互颠。

二、带球

带球（运球）是指用脚推拨足球，使之与跑动中的人一起行进并牢牢控制住球的技术动作。按触球部位分为脚背正面带球、脚内侧带球、脚背外侧带球等；按球的运行轨迹分为直线带球、曲线带球、折线带球、变向带球等。

● 脚背正面带球：运球时，上体要稍前倾，运球脚的脚尖向下，膝微屈，脚腕放松；在向前迈步脚将要落地前，用脚背正面推拨球的后部。

● 脚内侧带球：运球时，支撑脚向前跨出一步，落在球的侧前方，膝稍屈，重心放在支撑脚上，同时上体向运球方向前倾，运球脚提起后用脚内侧推拨球的后中部。

● 脚背外侧带球：运球时，上体要稍前倾，运球脚的脚尖和髋关节稍向里转，膝微屈，脚腕放松，在向前迈步脚将要落地前，用脚背外侧推拨球的后下部。

脚背正面带球　　　　脚内侧带球　　　　脚背外侧带球

练一练　①直线运球，做一步一触球练习。

②原地脚内侧、脚背外侧交替地切球（从单脚到双脚）。

③Z字形连续运球绕过6~8个标志物练习。

三、踢球

踢球是指运动员有目的地用脚把球击向预定目标的技术。踢球是足球技术中最重要的技术，主要用于传球和射门。踢球的方法很多，主要有脚弓（脚内侧）踢球、脚背内侧踢球、脚背正面踢球、脚背外侧踢球等。

● 脚弓（脚内侧）踢球：踢原地地滚球，支撑脚踏在球侧一脚左右的地方，膝关节稍屈，踢球脚稍向后提起。踢球时大腿带小腿加速前摆，同时膝关节外转，脚尖稍勾起，脚掌与地面平行，脚腕绷紧用力，用脚内侧触球的后中部；踢球后，脚随球前摆不要过大。

● 脚背内侧踢球：斜线助跑，支撑脚踏在球侧稍靠后。踢球时大腿带动小腿，呈弧线迅速前摆，脚背绷直，脚趾扣紧，脚尖斜指前下方，以脚背内侧（内侧鞋带处）触球的后中部；踢球后，踢球腿随球摆出。

● 脚背正面踢球：踢原地球时，直线助跑，支持脚踏在球侧，脚尖正对出球方向，膝关节微屈；踢球腿大腿带动小腿前摆，膝弯曲，以脚背正面触球的后中部。

● 脚背外侧踢球：与正脚背踢球的动作基本相同，只是用脚背的外侧触球；在踢球的一刹那，脚背要绷直，脚趾用力下扣，脚尖内转，踢球的后中部。

脚弓（脚内侧）踢球　　　脚背内侧踢球　　　脚背正面踢球　　　脚背外侧踢球

练一练
① 个人踢球技术练习。
② 多人踢球技术练习。
③ 多做固定球的助跑和支撑站立练习。

训练提示
注意支撑脚的位置；小腿加速摆动；触球部位准确。

四、接球

接球是有意识地将运动中的球停下来，控制在自己的活动范围内，为下一步处理球做好准备。接球包括脚内侧接球、脚背外侧接球、接反弹球、胸部接球、大腿接球、脚背正面接球等。

● 脚内侧接球：接地滚球时，支撑脚正对来球方向，膝稍屈，身体重心放在支撑脚上，同时接球脚提起，使脚内侧正对来球，用脚内侧将球接于身前；接反弹球时，判断好球的落点，脚内侧对准球的反弹方向，当接触球时，接球脚稍下压，缓冲球反弹的力量，把球接在脚前；接空中球时，先提起大腿，脚内侧正对来球，触球时，小腿放松下撤；接稍高的来球时，在接球腿提起和后撤的同时，支撑脚可加向上跳起的动作。

● 脚背外侧接球：接地滚球时，身体重心先放在支撑脚上，支撑腿稍屈，同时接球脚提起，膝稍屈，放在支撑脚的侧前方，脚背外侧对准来球方向；脚触球时，轻轻下压，将球接于身前。接反弹球时，身体侧向来球，接球脚稍提起，脚内翻，上体稍向接球方向侧倾；待球落地反弹起时，用脚背外侧触球的侧上部，把球接在体侧。

● 胸部接球：适用于接高球。身体正对来球，两脚前后开立，两膝弯曲，上体稍后仰。当球到头部前上方时，两臂自然向两侧张开，接球时稍前挺迎球，球触胸部迅速收胸收腹缓冲来球力量，将来球接在身前。

● 大腿接球：大腿抬起迎球，当与球接触的一刹那即随球下撤，使球落在身前。

● 脚背正面接球：正对来球，接球腿屈膝提起，当球与脚接触的一刹那，小腿和脚腕放松下撤，缓和来球力量，使球落在身前。

脚内侧接球　　　脚背外侧接球　　　　胸部接球　　　大腿接球　　　脚背正面接球

练一练 │ ①个人接球技术练习。
　　　　　　②多人接球技术练习。

训练提示

判断好来球；注意停球力度的控制，不让球反弹过高，尽快让球落地；停和传衔接自然、合理。

五、头顶球

头顶球是指运动员用头的某一部位顶击球，由移动选准顶球点和上体摆动击球两个环节组成，包括前额正面头顶球、前额侧面头顶球，常用原地前额正面头顶球和跳起前额正面头顶球。

● 前额正面头顶球：顶球前，上体先后仰，两臂自然摆动，保持身体平衡，两眼注视来球；顶球时，两脚用力蹬地，上体由后向前快速摆动，借腰腹及颈部力量，用前额正面将球顶出。

● 前额侧面头顶球：面向来球，向左（右）侧顶球时，左（右）脚向前跨出一步，两膝微屈，身体重心放在右（左）脚上，上体和头部稍向右（左）侧倾斜并转体约45°，两臂自然张开；顶球时，右（左）脚蹬地，上体和头向左（右）方迅速扭转，并屈体甩头，用左（右）额将球顶出。

前额正面头顶球　　　前额侧面头顶球

练一练

①固定球练习。同伴持球于练习者头前，或用球网将球固定于自己头前做顶球练习，练习者用前额正面击球。

②做一抛一顶或自抛自顶练习。

③做无球练习和顶高空球练习。

训练提示

注视来球，睁眼顶球；球至最高点将要下落时起跳；颈部肌肉保持紧张。

六、守门员技术

守门员技术是指守门员围绕球门所采取的有效防御性行动和组织发动进攻时所采用的动作方法的总称。其主要表现形式是用手接球、抛球、扑球、托球和传球等。请看配套资源中的视频，了解基本技术动作和练习方法。

游戏：

互射点球

比赛方法：

①比赛为集体项目，可设男子组、女子组、男女混合组。

②根据报名队数进行淘汰赛，每队由5名参赛队员组成。

③以男女混合组为例：由4男1女组成，其中1人为守门员，罚球队员顺序自定。比赛开始后，赛前决定的参赛顺序不得改变。此轮取得胜利后，下一轮比赛运动员的比赛顺序可以调整。

④两队的队长抽签决定罚球先后顺序。

⑤裁判员发出"开始"口令后，运动员按抽签先后顺序进行罚球。球必须放在罚球点，每人踢1次，罚进1球得1分。两队比赛结束后，进球得分多的名次列前。如得分相等，每队任选1名队员进行加赛，加赛队员不得连续参赛，直至决出胜负。

专项体能训练

①速度素质训练：多组各种姿势的起动跑10米、20米。

②灵敏与柔韧素质训练：多组站立式起跑10米，然后连续跳过或绕过5个高40厘米的栏架接20米冲刺跑，最后快速俯卧撑10次。

③抗阻训练：用配重大的杠铃做深蹲、卧推、体前屈、弓步等动作。把握高强度、小训练量的原则，达到能够产生抵抗阻力的最大力量的目的。

④爆发力训练：用配重较小的杠铃做推举、深蹲、跳跃等动作。把握高强度、小训练量的原则，达到提升爆发力的目的。

⑤心肺耐力素质训练：采用短跑100~200米、400米变速加速跑等训练。把握高强度、小训练量、一周1~3次的原则，达到提升无氧耐力的目的。

自我测试

连续颠球	用左、右脚背正面连续交替（球不落地）颠球，计一次性完成的次数			
次数	35	30	25	20
等级	优	良	中	有待提高
1分钟颠球	用左、右脚背正面连续交替颠球，计1分钟完成的总次数			
次数	110	90	75	60
等级	优	良	中	有待提高
30米带球跑	距终点5米处画一条线，形成一个触球区域，在规定区域内必须触球一次，成绩方有效			
时间	5秒	5秒2	5秒7	6秒
等级	优	良	中	有待提高
20米运球绕杆	起点距首杆4米，杆与杆间隔距离2米，共8个标志杆，尾杆距终点2米			
时间	9秒8	10秒4	11秒	11秒5
等级	优	良	中	有待提高
运球转身往返跑	5米距离内往返运球转身3次（要求使用不同的方法转身）			
时间	17秒	18秒	19秒	20秒
等级	优	良	中	有待提高
射门	将标准足球门的宽度平均分成3份。射门进入中区得1分，左右区域得2分，射门5次			
得分	10	8	6	4
等级	优	良	中	有待提高
踢远	用任何脚法将球踢出，球的第一落点与传球点之间距离为有效成绩			
距离	35米	30米	25米	20米
等级	优	良	中	有待提高

第三节　　　　　　学打比赛

学习了一定的足球运动技术，掌握了一定的技能后，还需要进一步学习足球的进攻、防守战术，了解常用的比赛规则，才能参加比赛。

一、比赛战术

进攻

比赛中，持球方向对方球门推进称为进攻，进攻的最终目标是进球得分。只有将球尽量盘带或传递到对方球门附近，才最有可能射门得分。因此，进攻方的球员必须在场地中传球、盘带球、持球，且要防止对方球员抢断。为了越过并攻破防守，进攻方的球员必须跑到球场上没有防守球员的区域接球。

二过一
一个进攻的移动：一名球员将球传给另一名队友，接着向前跑接队友传回来的球，以此过人

要求
二过一需要球员之间密切配合，特别是迅速地接传球以及迅速地跑动

传球
一次高质量的传球包括3个要素：适当的力度、正确的目标和恰当的时机。传球时可以利用脚的3个部位：脚内侧——迅速短传；脚背——传出的球长而有力；脚外侧——跑动中近距离隐蔽传球。

盘球
运动员在盘带时护球

大力射门
强有力地摆动大腿，可以踢出大力球

低头
注视足球鞋前的球，可以提高射门的准确性

盘球/盘带
球员主要利用脚外侧和脚尖接触球，在迅速跑动中带球。盘带时，应注意观察并寻找对方的防守漏洞。

有弧度的传中
质量高、有弧度的传中是击溃防守的有力方式

传中
球迅速由场地边缘传到中间，通常传给处于进攻位置的球员。高质量的传中球会给防守队员造成判断上的困难，从而对整个防守形成威胁。

射门
因为足球会以各种各样的速度和角度传到球员脚下，所以有多种射门技巧。

防守

防守方主要是阻止对方球员进球得分，或者夺回球的控制权以便发起进攻。防守球员可以通过断球、封锁对方持球队员或者其他队员的区域、紧逼对方持球队员或者通过直接铲断得球。球队可以通过多种防守策略阻止对方球队的进攻。区域防守体系：每个防守队员都有固定的防守区域，相互之间配合；盯人防守：防守队员盯防进攻球员。

常见损伤的处理
足球运动常见的损伤有挫伤、擦伤、拉伤、撕裂伤、关节扭伤、关节脱位、骨折等。运动损伤后的初步急救非常重要，处理得当可以大大减少以后的并发症，使运动员较快地恢复健康。以踝关节扭伤现场紧急处理办法为例：首先是用冰袋冷敷患处几分钟或喷洒冷喷剂等，再用纱布包扎患处，一定不能用手去揉捏患处，以防止患处肿胀和避免二次伤害。之后，到医院进行进一步治疗。

补救
守门员要有很好的灵活性和勇猛精神

手指触球
手臂尽量伸展以阻止射门

接球
守门员在接球后，再通过踢或掷将球发出

抢占位置/卡位
防守球员首先伸出一只脚滑向足球，但必须接触球而不是持球球员

快速移动
防守球员的动作需敏捷、果断

防守压力
实施紧逼的防守球员总是紧跟着进攻球员

铲球
用脚将球从持球球员的脚下铲断称为铲球。滑动的抢断十分有效，但是必须掌握好时机，否则有失败或犯规的危险。

拦截
防守球员可以持续地紧逼以及封锁进攻方的空间，并且通过拦截进攻方的传球来瓦解对方的攻势。

紧逼
防守球员紧跟着进攻方球员的移动，可以为防守球员提供抢断球的机会，同时造成进攻球员的传球困难甚至失误。

掷界外球的正确方法
掷界外球的球员必须用双手将球从头后经头顶掷入场内，双脚不能离地

角球
当球的整体越过端线，而最后触球者为防守方球员，则需要踢角球。球应放在离球出界处最近的角旗杆的角球弧内，踢角球可以直接进球得分。

界外球
当球的整体越过边线，由最后触球队员的对方掷界外球。

得分机会
通常很多球是从角球区发出，然后用头顶球得分

"香蕉球"
踢任意球的球员会尽量踢出可以绕过人墙的球

判断时机
守门员必须判断是留在球门前防守，还是主动出击扑球

人墙
守门员指挥防守队员调整人墙的位置，以防止进攻队员直接攻击球门

放球位置
球应放在犯规的地点

任意球
任意球有直接任意球和间接任意球：直接任意球是指踢球者可直接破门得分的任意球，如绊人等严重的犯规会被判罚直接任意球；间接任意球是指阻挡等犯规后恢复比赛的一种方式。

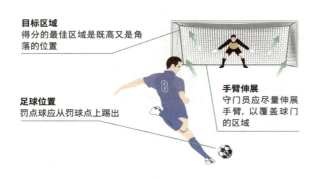

目标区域
得分的最佳区域是既高又是角落的位置

手臂伸展
守门员应尽量伸展手臂，以覆盖球门的区域

足球位置
罚点球应从罚球点上踢出

踢点球
防守方守门员必须停留在本方球门柱间的球门线上，面对主罚队员，直至球被踢出。因为罚点球通常可以进球得分，所以主罚队员会有巨大的压力。

无球技术

无球技术是比赛中运动员在不控球的情况下所采用的合理动作的总称。其主要内容包括起动、跑动、急停、转身、跳跃、移位等很多动作。无球技术对比赛极为重要，无球技术的质量对提高运动员的足球水平具有相当重要的作用。

二、比赛阵型

足球比赛中，一支队伍的阵型一般用2、3或4表示。阵型有很多种，常见的有3-5-2阵型、4-4-2阵型和4-3-2-1阵型。例如，4-4-2阵型包括4名后卫、4名中场和2名前锋。因为守门员不包括在内，所以数字之和是10。根据比赛中的具体情况，阵型会发生变化。

3-5-2阵型
左右前卫（左右中场）更多地扮演进攻角色，有力地支持锋线队员。而中前卫经常与后卫合作防守，尤其当对方反击时，约有一半球员仍在前场无法返回。

4-4-2阵型
最常见的一种足球比赛阵型。此阵型通过中场球员与后卫和前锋的紧密合作来实现进攻与防守。此阵型在比赛中可以根据需要进行改变。

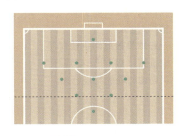

4-3-2-1阵型
此阵型中有两名中场球员向前参与进攻，意味着球队中实际有3名前锋，其中中间一名前锋站在另外两名前锋之前。

三、比赛基本规则

比赛方法

11人制足球比赛分为上、下半场，各45分钟，中场休息15分钟。每射入一球得1分，比赛结束时得分多的一方胜出。如果90分钟比赛时间内双方不分胜负且需分出胜负，则进行加时赛。加时赛上、下半场各15分钟，中间没有休息时间。加时赛后如果双方仍不分胜负，则进行5轮的踢点球决胜。5轮点球后若仍平分，则一对一继续踢点球，直至分出胜负。足球比赛也可以采用5人制或7人制。

健康须知

①科学地沐浴：待活动所排汗液干后再沐浴；沐浴水温与人体体温基本一致，不可过高，切忌凉水沐浴；沐浴时间为3~5分钟，不要较长时间盆浴浸泡。

②合理的进食时间：运动后1~1.5小时进食，避免运动后即刻进食或很长时间后才进食。

③科学地补水：运动中或运动后不可骤然大量补水，应多次少量补水；宜补充温水，切忌贪饮凉水或冰水。

④预防运动损伤：穿戴适合足球训练与比赛的装备和必要的护具；做好运动前的热身活动；及时处理已发生的运动损伤，或尽早到医院就医。

犯规

《足球竞赛规则》第12章规定了足球比赛的犯规与不正当行为，以及相关的判罚。

绊摔对方球员

如果防守方铲到进攻方球员而不是足球，判犯规。由于背后铲球很难首先触到球，因此铲球时应该从前面或侧面。不适时地铲球容易犯规。

拉扯/拉人

一方球员故意用手或臂部拉扯或顶撞对方球员阻碍其自由行动的犯规行为。

危险动作

危险动作有很多形式，经常发生的有争高球时肘击或者鲁莽地扯绊，对双方队员都有极大伤害。

阻挡

如果防守队员位于球与对方球员之间，其目的不是踢球而是妨碍对方球员，则称为阻挡犯规。

绊摔

不讲体育道德地绊摔对方球员是犯规行为。

越位

越位是指进攻队员处于对方半场时比球和倒数第二名对方队员更接近于对方球门线。

越位
球员A处于明显越位位置，他是除了对方守门员外距离对方球门线最近的球员

向前传球
球员B传球给球员A，球员A处于越位位置

不越位
球员A处于不越位的位置

两名防守球员
球员A和球门线之间有两位防守球员

裁判员

比赛期间，裁判员拥有完全且最终决定权，包括执行《足球竞赛规则》第17章，并且充当计时员。裁判员发现犯规后有利于被犯规方，可以允许比赛继续进行。优秀的裁判员应该鼓励自由流畅且拥有很好的竞技精神的比赛。

裁判员着装与手势

裁判员的服装明显区别于运动员的服装。裁判员在一场比赛中共使用4种手势。

助理裁判员

每场比赛设两名助理裁判员，分别站在两条边线旁边。裁判员未看到的犯规行为或其他事情将依据助理裁判员的判断，包括越位和决定由哪一方掷界外球。

直接任意球　间接任意球　黄牌（警告）红牌（罚出场）　有利（继续比赛）

助理裁判员使用手旗与裁判员交流

掷界外球　　替换队员　　越位

远端队员越位

中间队员越位

近端队员越位　越位

裁判员着装与手势

组织比赛 | 根据学校足球设施条件，结合技战术要求，组织学生开展5人制或7人制足球比赛，提高学生的足球实战水平。

第四节　　欣赏足球比赛

一、著名足球赛事

● 世界杯赛

国际足联世界杯（FIFA World Cup）简称"世界杯"，是世界上最高荣誉、最高规格、最高竞技水平、最高知名度的足球比赛，与奥运会并称为全球体育两大顶级赛事。

● 欧洲足球五大联赛

欧洲足球五大联赛通常是指欧洲足球联赛影响力及竞技水平排名靠前的联赛，即英格兰足球超级联赛(The Premier League)、西班牙足球甲级联赛 (La Liga)、意大利足球甲级联赛(Serie A)、德国足球甲级联赛(Bundesliga)和法国足球甲级联赛(Ligue 1)。

● 中超联赛

中超联赛是中国足球协会超级联赛的简称，由中国足球协会组织，目前有16支球队参赛，是中国最高级别的足球职业联赛。中超联赛开始于2004年，其前身为1989年开始的中国足球甲A联赛。

> **我国的足球赛事**
>
> 我国足球赛事的主干和基本构成就是中超联赛、中甲联赛、中乙联赛、地方丙级联赛的升降级赛，还有中国大学生足球联赛和全国青少年足球冠军杯赛。

二、欣赏比赛

①观赛准备。首先，要弄懂比赛规则，了解比赛双方的技术风格；其次，对世界足坛的各种流派、打法有所了解，对比赛双方的球星情况有所了解；最后，如果能去现场看球，最好能提前进场，感受赛场的气氛。

②从不同角度去欣赏比赛。首先，看比赛双方排出的阵型；其次，看球星的表演，欣赏他们高超的球技；再次，看教练员的临场指挥水平，体会教练战术的变化；最后，看裁判员的执法是否合理，裁判的执法对比赛的进程有时候会起到关键作用。

③作出自己的评价。一场激烈、精彩的比赛结束后，对成败双方得失的因果关系作出自己的判断，对双方技战术特点形成自己的看法，提高自己的足球欣赏水平。

总之，一场高水平的现代足球比赛，激烈、精彩，场上形势瞬息万变，扣人心弦、引人入胜，比赛没有到最后一刻，胜负都难以预料，极具观赏性。

"志行风格"——容志行 ｜ 容志行，1970年入选中国国家足球集训队，1972年成为国家队正式队员，先后担任前锋、前卫、中锋，参加了第七、第八届亚运会和第六届亚洲杯比赛。1980年12月至1982年1月，容志行代表中国国家足球队参加第十二届世界杯预选赛亚洲区外围赛。作为中国队的主力中场队员，在组织全队攻守中起到了重要作用，并协助球队获得小组第一名，取得决赛资格。

容志行在一系列重大比赛中表现出头脑清晰，战术意识好，传球脚法细腻、准确，动作隐蔽又突然，射门自信、突然、准确，运控球技巧精妙、应变能力强等特点。在比赛中他作风顽强、果敢，不计较别人对他的犯规和侵犯，心理素质好，胜不骄败不馁，充分体现出高尚的人格和优良的作风。他的比赛风范被国内足球界公赞为"志行风格"，成为足球界的楷模，一直到今天仍然被广泛颂扬。

测一测 ｜ 一、填空题

1.原地头顶球的用力顺序是充分蹬腿、_____，运用腿部、_____力量通过正前额部位顶球，顶球时当头触球瞬间，下颌适当前伸，颈部收紧，使正前额与球接触的面积最大、作用的力量最大。

2.传球的三要素：_____、_____、_____。

二、简答题

1.足球的有球技术和无球技术哪个更重要？为什么？

2.足球的踢球技术有哪些？

学习评价 ｜ 经过一段时间的学习，你已经取得了一定的进步，请对自己学习足球的表现、学习效果、健康行为的养成和体育精神的塑造作一个评价。

核心素养	评价内容	等级			
		优秀	良好	中等	有待提高
运动能力	基本掌握所学足球运动的技战术				
	能够制订和实施个人足球专项发展计划				
	掌握足球运动专项体能练习方法				
	了解足球运动比赛规则，并能在比赛中运用				
	能运用所掌握的足球运动技战术参加比赛				
健康行为	能够在运动前进行有效热身，运动后积极放松				
	能积极参加各种足球运动，并养成良好的锻炼习惯				
	能够正确对待足球训练、比赛的胜负，有效调控情绪，处理好人际关系				
	能够较快适应各种比赛环境，并能有效预防和处理常见运动损伤				
体育精神	展现出积极进取、顽强拼搏的意志品质				
	能遵守竞赛规则，服从裁判，尊重对手				
	诚实守信，具有公平竞争的意识和行为				
	能够团结队友、相互鼓励，充分发扬团队协作精神				
	能够表现出永不言弃、成就梦想的足球精神				
	能在观看比赛过程中理解足球比赛规则和裁判规则，较好地欣赏足球赛事				

第五章

篮球运动

学习目标

● 了解篮球运动的起源，认识篮球运动的文化价值和健身价值，会欣赏篮球比赛。

● 初步掌握篮球运动的基本技术、战术；了解如何将技术动作与基本战术相配合。

● 通过篮球比赛增强合作协同意识，提高运动能力，培养参与篮球运动的兴趣，使之成为终身爱好的体育项目。

第一节　　　　　　　认识篮球运动

篮球运动是一项以手支配球，比赛双方互为攻守对抗，在规定时间内通过个人运球、队员接球以及战术配合，最终以投篮得分多少判定胜负的集体运动项目。

篮球运动因其健身娱乐价值和极强的观赏性，一经问世就受到世界各国人民的喜爱。

> **篮球运动的起源**
>
> 篮球运动是由美国马萨诸塞州斯普林菲尔德基督教青年会训练学校的体育教师詹姆士·奈史密斯于1891年发明的。
>
> 1904年，圣路易斯奥运会上第一次进行了篮球表演赛。1936年，篮球在柏林奥运会中被列为正式比赛项目，中国也首次派出篮球队参加。

篮球运动的特点

篮球运动集跑、跳、投等运动能力于一体，是一项在快速运动中完成技术动作的综合性体育项目。它既简单又综合多变；既有对抗性又有趣味性；既有个人发挥又强调团队协同配合。它可以在室内、室外场地进行。

篮球运动简单易行，趣味性强，可以因人、因地、因时、因需而异，是人们业余文化娱乐生活中经常参与的项目。

参加篮球运动的益处

参与篮球运动，既可以强身健体，也可以使参与者的个性、自信心、审美情趣、意志力、进取心、自我约束力都得到很好的发展，也有利于培养团结合作、尊重对手、公平竞争的优良品质。

场地

篮球比赛场地是一块平坦且坚实无障碍物的地面，其尺寸（从界线的内沿丈量）是长28米、宽15米。所有的线应用白色画出，线宽5厘米并清晰可见。

篮板 篮板由透明的材料制成，以便坐在篮板后的观众也能清楚地观赏比赛场面

篮筐 它要足以支撑住球员扣篮时吊挂在上面的重量

球网 它可以延缓球的下落

球 常用的篮球由8块皮革缝合而成，被空气填满。男子比赛用球的半径为12.3厘米，周长为75～76厘米，质量为600～650克；女子比赛用球的半径为11.3厘米，周长为70～71厘米，质量为510～550克

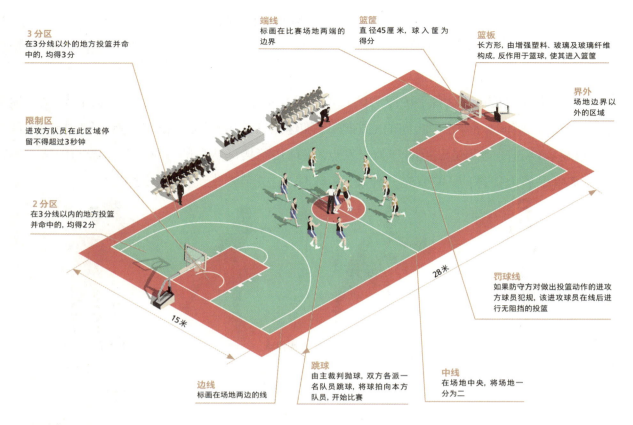

3分区
在3分线以外的地方投篮并命中的，均得3分

端线
标画在比赛场地两端的边界

篮筐
直径45厘米，球入筐为得分

篮板
长方形，由增强塑料、玻璃及玻璃纤维构成，反作用于篮球，使其进入篮筐

界外
场地边界以外的区域

限制区
进攻方队员在此区域停留不得超过3秒钟

2分区
在3分线以内的地方投篮并命中的，均得2分

罚球线
如果防守方对做出投篮动作的进攻方球员犯规，该进攻球员在线后进行无阻挡的投篮

15米

28米

边线
标画在场地两边的线

跳球
由主裁判抛球，双方各派一名队员跳球，将球拍向本方队员，开始比赛

中线
在场地中央，将场地一分为二

球员位置

一支篮球队包括组织后卫、得分后卫、小前锋、大前锋、中锋，运动员可根据自身的特点选择合适的位置。组织后卫通常为队里组织能力最强、速度最快的球员，主要负责实施赛前制订好的进攻方案，控球并制造得分机会；得分后卫通常得分能力突出，主要任务是得分或制造得分机会；小前锋的任务是串联全队，其次是抢篮板球；大前锋要求身体素质强，能在进攻时抢好篮板球，做好居中策应，分摊中锋篮板压力；中锋的身高通常是球队中最高的，他的任务是保护篮板球，抓住篮下二次进攻得分的机会。

第二节　　　　　　　　　　学打篮球

学打篮球需要从基本技术开始，掌握传接球、运球、投篮、脚步动作等基本技术，激发对篮球运动的兴趣，享受篮球运动带来的快乐。

一、传接球

传接球技术是篮球运动的基本技术。传接球技术主要包括双手胸前传球、单手体侧传球、单手肩上传球。

● 双手胸前传球：双手持球于胸腹之间，两肘自然弯曲于体侧，身体呈基本站立姿势，眼平视传球目标。传球时，后脚蹬地发力，重心前移，两臂前伸，手腕随之旋转，拇指下压、食指拨球，将球传至对方胸前。这是篮球比赛中最基本、最常用的一种传球方法，常用于短传。

● 单手体侧传球（以右手传球为例）：传球时，重心向右，将球向右边引球；前臂摆动速度加快。出球的瞬间，手掌、手腕向前（或向下）加速用力，手腕后屈，拨动手指，手指指向传球方向。这是以绕过防守队员贴近防守为出发点，将球传给接球队员的一种较为隐蔽的传球方式。

● 单手肩上传球：肩关节充分外展，传球时，肘关节领先，全身协调用力。

双手胸前传球　　　　　　　　　　单手体侧传球　　　　　　　　　　单手肩上传球

练一练　｜　①对墙传球。
　　　　　｜　②原地面对面传球。
　　　　　｜　③行进间对传。

想一想　｜　除了教材中介绍的几种传球技术外，你还能做哪些传球动作？

二、运球

有球队员在原地或移动中，用单手连续拍按由地面反弹起来的球，称为运球。

运球是篮球比赛中个人进攻的重要技术，它不仅是个人攻击的有力手段，也是全队进攻战术配合的桥梁。有目的地运球可以突破防守、发动进攻、调整位置、寻找有利时机进行传球或投篮，尤其是破解紧逼人盯人防守战术的有力武器。

● 低运球：两腿弯曲，降低重心，上体前倾，用上体和腿保护球；同时，用手短促地按拍球，使球从地面向上反弹的高度在膝关节以下，以便更好地控制球和摆脱防守。

● 高运球：两腿微屈，目平视，手用力向前下方推按球，把球的落点控制在身体侧前方，使球的反弹高度在胸腹之前。

● 体前变向换手运球：右手变左手运球时，手球配合要合理，变向要及时。

练一练　｜　①个人快速运球练习。
　　　　　｜　②设置障碍物变向运球练习。

低运球　　　　　　体前变向换手运球

三、投篮

投篮就是将篮球投入篮筐，主要分为原地投篮和行进间投篮，需要运用到手指、手腕、手臂、肩、腰腹、腿部几个部位。

● 原地单手肩上投篮（以右手投篮为例）：右手持球于腹前，膝盖微屈，目视篮筐，将球举至右肩前上方；双脚蹬地发力，上身保持直立，左手护球自然跟随；右臂抬肘、伸展小臂、手腕前屈下压，拨动手指，将球投出，右手向前伸展。

● 行进间单手低手投篮（以右手投篮为例）：双手接球的同时右脚跨出一大步，并持球于胸腹间靠右侧；紧接着在左脚跨出一小步的同时右腿膝关节向上提呈90°；右手持球从右肩向前上方引球；手五指自然分开，托球的下部，手心朝上，手臂向上伸展，接近球篮时，用手指上挑的动作使球向前旋转投向球篮。

原地投篮

练一练 ｜ ①原地投篮多组练习。
　　　　　 ②行进间高低手上篮练习。

行进间上篮

四、脚步动作

打篮球时，身体运动、技巧发挥等都是依靠脚步动作带动。脚步动作主要有滑步、后撤步、跳步急停、变向跑等。

● 起动、变速跑、侧身跑

起动：在球场上由静止状态变为运动状态的移动动作，可以用来摆脱防守队员。

变速跑：利用速度的变化获得主动权的方法。

侧身跑：向前跑动中为了观察球场上的情况而采用的一种跑动方法。

● 急停、转身、变向跑

急停：在跑动中突然制动速度的一种动作方法，常与其他技术动作结合运用，如跨步急停、跳步急停。

转身：利用跨步和身体的转动来改变位置和方向的一种动作，如前转身、后转身。

变向跑：跑动中利用突然改变方向来完成攻守任务的动作。

● 滑步、后撤步、攻击步

滑步：防守时的主要移动方法，分为后撤滑步、前滑步、侧滑步。

后撤步：前脚用力蹬地，利用腰部力量带动转胯，后脚的前脚掌要积极辗转蹬地。

攻击步：后脚猛力蹬地，前脚突然迅速向前跨出逼近对手，落地时重心偏向前脚，前脚同侧手伸出做干扰和抱截性防守动作。

跳步急停　　　变向跑　　　滑步　　　后撤步

练一练

①篮球场半场变向跑加急停训练。
②滑步组合练习。

五、个人防守技术

防守无球队员

防守无球队员是指进攻队员处于无球状态时，防守队员通过合理有效的脚部和手部动作来阻挡和破坏对手的进攻。防守无球队员包括防守位置、防守姿势、脚步动作等要素。

防守有球队员

● 防投篮：对手持球在外围，一般以手臂能触及球为宜，多采用斜步防守，前脚同侧的手臂向斜上方伸出，另一侧臂伸出，以便侧向移动，阻止对手突破。对手在篮下得球后，一般要贴近对手，微屈膝，两臂微伸于肩上，准备跳起封盖。

● 防突破：防守位置处于对手与球、篮之间，可根据对手习惯突破的方向和同伴协防情况有所侧重。防守时一般采用平步，两脚平行站立，两臂侧伸上下不停挥动，当对手突破时，要及时向其突破方向撤步，并迅速滑步堵防。

● 防传球：防守外围持球队员时要积极挥动手臂，采用掏、打等动作使其无法及时将球传出，不让对手传球到内线，迫使其长传、高吊等。防守内线持球队员传球时，要迫使对手回传给外线队员，不让其传给其他内线队员或向下空切的队员。

游戏：投篮

要求：
①比赛可设男子组、女子组；可为个人项目，也可为多人项目计算总分。
②运动员站于罚球线后持球做好投篮准备，其他篮球放于运动员身旁的篮筐内便于拿球。
③裁判员发出"开始"口令后，运动员开始投篮。
④运动员每人有5次投篮机会，投中1球得1分，如成绩相等，可以再赛一次，直至决出胜负。

专项体能训练

①力量素质训练：借力推举，3组，每组5次；单臂划船，3组，每组5次；站姿屈髋，3组，每组5次；臀屈伸，3组，每组5次；悬垂举腿，5组，每组至力竭。
②速度素质训练：助力跑练习，3组，每组1次；加速跑练习，3组，每组1次；启动跑练习，3组，每组1次。
③敏捷素质训练：滑步练习，6组，每组1次；蛇形跑练习，2组，每组1次；转髋跳练习，2组，每组1次；直角跑练习，3组，每组1次。
④局部练习：挥臂练习，3组，每组100~200次；负重挥臂练习，3组，每组20次；提膝练习，3组，每组20次；大步走练习，3组，全场距离；高抬腿跑，3组，全场距离。

自我测试

连续传接球	双手胸前传接球,计1分钟标准动作完成次数			
次数	35	30	25	20
等级	优	良	中	有待提高
半场折返运球上篮	单手或交换手运球,计一次折返时间(需完成2次上篮并球中篮)			
时间	19秒	28秒	32秒	36秒
等级	优	良	中	有待提高
罚球线1分钟投篮	自投自抢,投篮点固定在罚球线,计1分钟投进个数			
个数	≥9	7	6	5
等级	优	良	中	有待提高
助跑双脚起跳摸高	两次机会,选择最高一次的成绩			
高度	3.05米	3米	2.9米	2.85米
等级	优	良	中	有待提高
1 000米跑	1 000米中距离体能测试,计完成时间			
时间	3分31秒	3分47秒	4分31秒	4分40秒
等级	优	良	中	有待提高

第三节　　　学打比赛

　　篮球运动是集体项目,需要每位队员默契配合。如何才能使大家配合好而赢得篮球比赛呢? 这就需要学习篮球运动的基本防守和进攻战术,并熟练掌握。同时,了解常用的比赛规则也是我们参与比赛、赢得比赛的基础。

一、比赛战术

防守

防守战术分为基础战术和全队防守战术。

基础战术

基础战术为一人、两人配合的防守战术。

● 盯人与交换盯人: 在防守对手时,用挤过、穿过等方法紧盯住对手; 在对方掩护时,为瓦解对方掩护而互换对手盯人。

● 协防与夹击: 主要用于防守篮下有威胁的对手,一般由附近外线同伴回缩形成。

● 一防一: 防守应站在持球队员的行进路线上,向持球队员做抢、截球等假动作,诱使对方失误。如果对方已接近球篮,要果断封锁投篮路线。

全队防守战术

全队防守战术中常用的是半场人盯人防守。

● 半场人盯人防守：在预先确定盯人的前提下，在半场范围内以个人防守为基础，综合运用各种防守的配合所组成的全队防守战术。防守的原则是以防人为主，人球兼顾，控制对手，逼近对方并干扰对手。

进攻

进攻战术分为基础战术和全队进攻战术。

基础战术

● 传切配合：传球给同伴后，立即摆脱防守向篮下切入，接同伴回传球上篮。

● 突分配合：控球队员在突破遇阻时，及时传球给无人防守的同伴，给同伴创造进攻机会。

全队进攻战术

● 掩护配合：选择正确的位置，用身体以合理的技术动作挡住同伴的防守者的移动路线，给同伴创造摆脱防守获得进攻的机会。

● 策应配合：进攻队员背对或侧对球篮接球后，以其为枢纽，配合同伴切入或掩护形成的里应外合的配合方法。

图例
- ……▶ 传球
- 〜〜▶ 运球
- ——▶ 跑动
- ——Ⅱ▶ 投篮

传切配合　　　　突分配合

掩护配合　　　　策应配合

二、五人制篮球比赛进攻与防守战术

进攻战术

进攻半场人盯人战术

● 单中锋进攻法：如图所示，②传球给③，④给②作行进间掩护，③策应传球给②投篮。④掩护后，如果对方换人，则应转身切入接③的球继续进攻。此时⑤跟进抢篮板球，③传球后也要冲抢篮板球。①向中间移动，随时准备退守。

● 反掩护通过中锋策应进攻：如图所示，⑤传球给④后，为①作掩护将❺带开，中锋②向罚球线空当移动并接④传球，②转身攻击或传球给交叉切入的④或①。

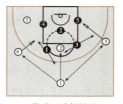

单中锋进攻法　　反掩护通过中锋策应进攻　　进攻区域联防

进攻区域联防战术

进攻区域联防战术：如图所示，①②③相互传球，调动防守，使对方❶和❸不能及时地防守，①③④可抓住机会果断地进行中投。

防守战术

人盯人防守战术

人盯人防守还可以细分成全场人盯人和半场人盯人，并可再细分。人盯人防守具有分工明确、针对性强、机动性好、对进攻方压力大等特点，是最常用的防守方法。

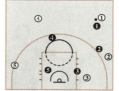 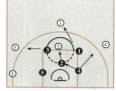

半场人盯人防守　　　2-1-2区域联防

● 半场人盯人防守：如图所示，球在①手中，❶逼近①，②与③位于强侧，因此❷要错位防守②，不让②接球，❸要领先防守③。④与⑤位于弱侧，因此❹要向❶靠近，协助❶防止①从中路突破，❺要向❸靠近，协助❸防止③反切篮下。

联防防守战术

联防，即5个防守队员通过一定的队形站位，每人防守相应的区域，从而形成一张活动的防守网。这种防守的特点：守区、防人、防球和加强对篮的纵深防守；以球为主，人球兼顾。防守队形有"2-3""3-2""1-3-1""2-1-2"等。每种队形都有其针对性，"2-1-2"队形兼顾性最好，常被采用。

● 2-1-2区域联防：球在外围弧顶时的防守配合，①持球时❶❸应根据对方的进攻阵型和对方中锋的位置决定两人的防守配合。❶上去防①，❸要稍向右移动，协助防守②，并准备抢断①传给③的球，❷向上移动防守②，❹向上移动防④，并兼顾防守篮下，❺防守⑤的篮下活动。

三、比赛基本规则

比赛方法

篮球比赛一般分为4节，每节比赛时间为12分钟。每队5名队员上场，双方按照篮球竞赛规则展开攻防对抗，以进球得分多少决定胜负。

球投进球篮经裁判认可后便可得分。三分线外侧投进得3分，三分线内侧投进得2分，罚球投进得1分。

犯规

犯规是对规则的违犯，含有与对方队员的非法身体接触和/或违反体育运动精神的举止。犯规者的每一次犯规都会被登记，并被相应处罚。

● 撞人：有球或无球队员推开或移动对方队员躯干的非法身体接触。

● 阻挡：阻碍持球或不持球对方队员行进的非法身体接触。

● 拉人：干扰对方队员移动自由的非法身体接触。

● 推人：用身体的任何部位强行移动或试图移动对方队员时发生的非法身体接触。

● 侵人犯规：在活球或死球的情况下，攻守双方队员发生身体接触的犯规。

裁判员手势

非法掩护（进攻）　　过分挥肘　　推人或不带球撞人　　拉人　　违反体育精神犯规
阻挡（防守）

带球走　　　　　　二次运球　　　　　24秒违例

**组织
比赛**　　根据学校篮球场地情况，组织学生开展三人制篮球比赛或五人制篮球比赛，提高技战术实战运用的能力。

要求：通过移动、传球、突分、掩护、策应等配合，创造与选择好的投篮时机。投篮要果断迅速，机会不好时不勉强投篮。投篮后积极冲抢篮板球。防守时以防接球、防投篮为核心，积极顽强地防守。

第四节　　欣赏篮球比赛

一、著名篮球赛事

● 篮球世界杯

篮球世界杯的前身是世界篮球锦标赛，它是国际篮球联合会主办的一项国际性篮球赛事，男子比赛从1950年开始，女子比赛从1953年开始，男、女比赛分别举行。历届比赛间隔时间不同，一般是4年一届。从1986年起，男子和女子的比赛都在同一年进行，也按照4年一届举行。

● 奥运会篮球赛

奥运会篮球赛男、女各有12支球队参加，通过单循环赛、淘汰赛、半决赛、决赛几个阶段，最后决出冠军、亚军、季军。

● 美国职业篮球联赛

美国职业篮球联赛简称美职篮（NBA），是由北美30支职业球队组成的男子职业篮球联盟，是美国四大职业体育联盟之一。 NBA分为东部联盟和西部联盟，每个联盟又被划分为3个赛区，各赛区由5支球队组成。每年10月至次年6月举行联赛。

● 中国男子篮球职业联赛

中国男子篮球职业联赛简称中职篮（CBA），是由中国篮球协会主办的跨年度主客场制篮球联赛，也是中国最高等级的篮球联赛。

二、欣赏比赛

①看技术。既要看运动员优美的动作，也要看他们运用技术的时机和巧妙之处；既要欣赏运动员精湛的球艺，也要感受他们在球场上的灵感和智慧。

②看战术。既要看球队的战术形式，也要看战术运用的合理性与针对性；既要看战术配合的效果，更要晓悟队员间的默契和教练员的胆识。

③看球风。既要欣赏运动员的高超技艺，也要感受他们的球风和内在品质；既要领略球星们的风采，也要感受球队的集体风格。

④看输赢。既要看比赛的胜负，也要看各队水平的发挥情况；既要看两队间斗智斗勇的较量，更要把成败得失当成一种生活体验。

篮坛巨星——姚明 | 感动中国颁奖词这样评价姚明：他用高超的体育技能，在一个强手如林的国家运动项目中占有了一席之地，成就了很多人的梦想，更成为中国人的骄傲。他出色的表现和随时听从祖国召唤的爱国精神，使他带给人们的思考已经远远超过了体育本身。对祖国的情感，对现在的把握和对未来的期待，都使他成为中国体育和NBA的风云人物。

姚明，1980年9月12日出生于上海市徐汇区，前中国职业篮球运动员，司职中锋，现任亚洲篮球联合会主席、中国篮球协会主席。2002年，他以状元秀身份被NBA的休斯敦火箭队选中；2003年10月1日，他率领中国男篮获得亚锦赛冠军，同时获得雅典奥运会入场券；2015年2月10日，姚明成为北京申办冬奥会形象大使之一；2016年4月4日，姚明入选2016年奈·史密斯篮球名人纪念堂，成为首位获此殊荣的中国人。

测一测 | 一、填空题

1.篮球运动是_____于1891年发明的。

2.篮球场地长 _____米、宽_____米。

二、简答题

1.简述什么是"阻挡"犯规。

2.简述双手胸前传球的动作方法。

学习评价 ｜ 经过一段时间的学习, 你已经取得了一定的进步, 请对自己学习篮球的表现、学习效果、健康行为的养成和体育精神的塑造作一个评价。

核心素养	评价内容	等级			
		优秀	良好	中等	有待提高
运动能力	基本掌握所学篮球运动的技战术				
	能够制订和实施个人篮球运动专项发展计划				
	掌握篮球运动专项体能的练习方法				
	了解篮球比赛规则和基本裁判方法				
	能运用所掌握的篮球技战术参加比赛				
健康行为	能够在运动前进行有效热身, 运动后积极放松				
	能积极参加各种篮球运动, 并养成良好的锻炼习惯				
	能够正确对待篮球比赛的胜负, 有效调控情绪, 处理好各种人际关系				
	通过欣赏高水平篮球比赛, 能分析出采用的进攻和防守的技战术				
	能够较快地适应各种比赛环境, 并能有效预防和处理常见运动损伤				
体育精神	在训练、比赛中展现出积极进取、顽强拼搏的意志品质				
	在训练、比赛中能遵守竞赛规则、服从裁判、尊重对手				
	在训练、比赛中诚实守信, 具有公平竞争的意识和行为				
	在训练、比赛中能够团结队友、相互鼓励, 充分发扬团队协作精神				
	在训练和比赛中表现出一起拼搏、一起奉献和相互信任、永不言弃的篮球精神				

第六章

排球运动

学习目标

● 了解排球运动的基本知识，认识排球运动的文化价值和健身价值，会欣赏排球比赛。

● 初步掌握排球运动的基本技术动作、基本战术、基本规则和练习方法；了解气排球运动的基本技术动作和比赛规则。

● 通过参与排球比赛、气排球比赛，提高排球运动、气排球运动水平，养成良好的锻炼习惯，提高与未来职业相适应的身体素质。弘扬新时代的女排精神，增强文化自信。

第一节　　　　认识排球运动

排球运动是比赛双方在隔网场上进行对抗性比赛的集体运动项目。排球运动是一项受欢迎的运动，各年龄段、各种水平的人均可参与。

排球运动的特点

排球运动是集体项目的运动，需要多人参与，只要场地允许就可以组织比赛，也可以在一般空地上进行基本技术的练习，运动量可大可小，具有广泛的群众性。比赛中，球不能落地，也不能持球、连击；击球时间短暂，空间多变，技巧性较强；攻防速度快，转换迅速、对抗激烈，要求每个队员相互配合，齐心协力。

排球运动的起源

排球运动由美国马萨诸塞州霍利沃克城青年会干事威廉·摩根于1895年首创，最初叫作"mintonette（小网子）"。有记录的第一场排球比赛于1896年在美国马萨诸塞州的斯伯林菲尔德大学举行。20世纪早期该运动在北美流行，1924年排球作为表演项目亮相巴黎奥运会，并于1964年正式成为奥运会比赛项目。

参加排球运动的益处

打排球会刺激手指上分布的三阴三阳经，它们分别对应脾、肝、心、肾、胃、胆、小肠、大肠、膀胱，因此打排球会对这些内脏器官产生积极的影响。

打排球能有效地增强腰背肌力，消除腰背部肌肉劳损，是适宜久坐、久立职业工作者开展的一项运动；排球运动也是弹跳、上肢活动较多的运动，能提高人的时空预判能力。

经常打排球能增强参与者的力量、速度、灵敏等身体素质，有利于养成协作配合和遵守规则的良好习惯，学会与同伴友好相处，提高表达能力和有效沟通的技巧。

基本技巧

排球运动有6种基本技巧：发球、传球、垫球、进攻（扣球或吊球）、拦网和救球。

发球
前臂和前腿位于击球手的前部，以方便做跟随动作

扣球
进攻球员在球处于最高点时扣球，手臂随之转动

拦网
防守方利用有效部位拦截对方进攻

双手传球
以这一姿势进攻，球员能够反转手腕为扣球选好角度

反手垫（救）球
用手背救球可以够得更远

场地

排球场地通常由木料或合成材料制成，但比赛可以在任何不会对双方运动员造成伤害的地面上进行。

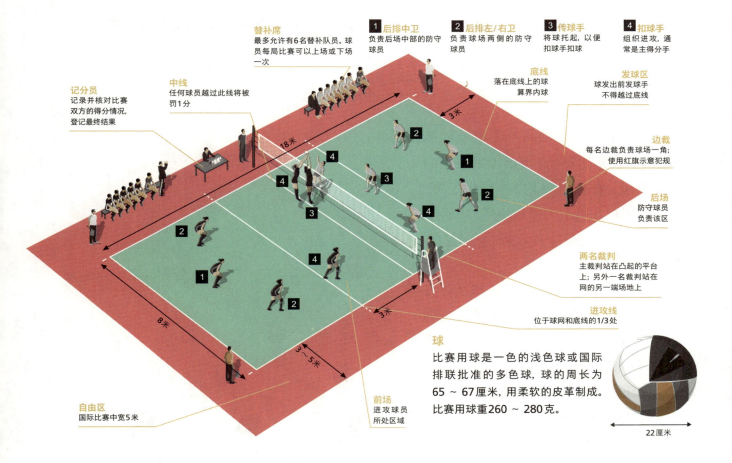

替补席
最多允许有6名替补队员。球员每局比赛可以上场或下场一次

① 后排中卫
负责后场中部的防守球员

② 后排左/右卫
负责球场两侧的防守球员

③ 传球手
将球托起，以便扣球手扣球

④ 扣球手
组织进攻，通常是主得分手

记分员
记录并核对比赛双方的得分情况，登记最终结果

中线
任何球员越过此线将被罚1分

底线
落在底线上的球算界内球

发球区
球发出前发球手不得越过底线

边裁
每名边裁负责球场一角；使用红旗示意犯规

后场
防守球员负责该区

两名裁判
主裁判站在凸起的平台上；另外一名裁判站在网的另一端场地上

进攻线
位于球网和底线的1/3处

球
比赛用球是一色的浅色球或国际排联批准的多色球，球的周长为65～67厘米，用柔软的皮革制成。比赛用球重260～280克。

22厘米

自由区
国际比赛中宽5米

前场
进攻球员所处区域

18米　8米　3米　3～5米　3米

第二节　学打排球

一、排球运动的基本动作

● 准备姿势：半蹲，两脚自然开立，双膝适当弯曲，脚后跟稍提起，两脚微动；收腹，重心前移，两臂自然弯曲，两眼注视来球。

● 移动：移动的步伐分为并步、滑步、跨步、交叉步、跑步。

滑步：球距离身体较近、弧线较高时用滑步，右（左）脚先向右（左）迈出一步，左（右）脚迅速并上。

跨步：接距身体1~2米的低球。移动时步幅较大，身体重心较低，可以向前、向斜前或向侧方跨步。

交叉步：来球距离身体2米左右，上体稍向右（左）转，左（右）脚从右（左）脚前面向右

准备姿势　　　跨步

交叉步

（左）交叉迈出一步；然后右（左）脚再向右（左）跨出一大步，同时身体转向来球方向，保持击球前的姿势。

二、发球

发球是排球运动的一项重要的基本技术，它是比赛的开始，也是重要的进攻手段。有威力、攻击性强的发球，可以破坏对方组织的进攻战术，减轻本方防守压力，为防守反攻提供条件，甚至可以直接得分。

发球按顺时针轮换（1号位轮换到6号位）

● 正面下手发球：左手将球在体右侧抛起约20厘米，右手顺势后摆，右脚蹬地发力，右臂加速前摆，用掌根（或者虎口）击球的后下部。

● 正面上手发球：左脚在前，左手托球于体前，抛球于体前右肩前上方约50厘米处，右脚蹬地重心前移，以收腹、屈体、挥臂鞭甩击球，手掌击球的后下部，做到推、包、压，使球向前下旋。

正面下手发球

正面上手发球

练一练

①徒手模仿练习。
②结合球练习。两人一组相距9米左右对发球。
③结合网练习。站在端线向对方区域发球。

三、垫球

垫球是借助蹬地、抬臂动作，用双手前臂的前部，利用来球的反弹力将球击出的技术动作。垫球在比赛中多用于接发球、接扣球和接拦回球，是比赛中争取多得分、少失分，由被动变主动的重要技术。

垫球

以正面双手垫球为例，垫球时两臂夹紧前伸，插到球下，向前上方蹬地提肩压腕抬臂，迎击来球，在腹前利用前臂垫球的后下部，击球点在前臂腕关节以上10厘米左右处。

练一练

①徒手模仿练习。成半蹲准备姿势，随口令徒手练习垫球。

②对墙垫球练习和垫抛球。

③结合球练习。两人相距4~5米，一人抛球一人垫球，然后交换。

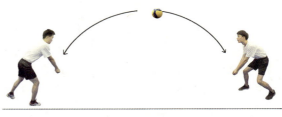

双人对垫

四、传球

传球是在胸部及以上部位用双手（或单手）借助蹬地、伸臂动作，通过手腕、手指的弹击力量来完成的击球技术动作。传球的主要作用是把接起的球传给其他队员进攻或直接进攻。一个队的进攻能力能否充分发挥，在很大程度上取决于该队的传球水平。

传球手型

以正面传球为例，传球时两手微张，在额前上方一球距离处两手成半球形，两拇指呈"一"字形正对来球，两手自然张开与球吻合，微蹲同时蹬地伸臂，前额上方主动迎球。

练一练

①徒手模仿练习。全队散开站立，随口令做徒手传球。

②结合球练习。连续自传，高度不低于1米；两人相距4米左右对传。

自传练习

两人对传球

五、扣球

扣球是队员跳起，在空中将高于球网上沿的球有力地击入对区的一种击球方法。扣球不仅是得分的重要手段，也是更积极、更有效的进攻武器。

以正面扣球为例，扣球助跑第一步小，寻找上步方向，第二步大，调整身体扣球的距离；利用腰腹发力，带动手臂挥动；以全手掌包满球，击球的后中上部。

扣球

练一练

①两人一组，一人双手持球举至头顶，另一人挥臂扣击固定球。

②两人一组，隔网对站，抛球、挥臂、鞭甩，击球反弹过网。

③自抛自扣：自抛原地扣球和自抛跳起扣球两种。

游戏："拉网捕鱼"

在篮球、排球场内进行，先指定一人"捉"其他人，当"捉"到一人后，两人手拉手再去"捉"第三人，如此直至全部"捉"完为止，最后被"捉"者为胜。

专项体能训练	①力量素质练习：如快速推举杠铃、俯卧两头起、平板支撑、深蹲、跳跃等。

①力量素质练习：如快速推举杠铃、俯卧两头起、平板支撑、深蹲、跳跃等。
②拦网击掌练习：两人一组，面对面，分别站在球网两侧。一人发出起跳信号，两人同时起跳拦网，在网上最高点时相互击掌。两人落地后向同一方向继续进行起跳练习。
③拉伸韧带练习：采用多种方法对膝、踝、腰、腕、肘和肩等部位的韧带进行拉伸和强化。
④变向折返跑：根据场地实际情况，做边线之间的侧向移动折返跑练习4组，组间休息3分钟。

自我测试

自垫球	每个球需高于手臂40厘米，无间断进行			
个数	≥60	≥40	≥25	≥15
等级	优	良	中	有待提高
两人对垫球	两人相距3~5米，无间断进行			
个数	≥40	≥30	≥20	≥10
等级	优	良	中	有待提高
自传球	每个球离手高度不低于50厘米，无间断进行			
个数	≥60	≥40	≥25	≥15
等级	优	良	中	有待提高
两人对传球	两人相距3~5米，无间断进行			
个数	≥40	≥30	≥20	≥10
等级	优	良	中	有待提高
发球	连续发10个球			
成功个数	≥8	≥6	≥4	≥2
等级	优	良	中	有待提高
扣球	连续自抛自扣10个球			
成功个数	≥8	≥6	≥4	≥2
等级	优	良	中	有待提高

第三节　　　　学打比赛

当我们掌握了一定的排球技术之后，总想到赛场上一展身手。但此时还需要进一步了解排球比赛的规则，学习排球进攻、防守战术，并通过反复多次练习才能真正参与到排球比赛中去。

一、排球比赛战术

阵型配备

● "四二"配备：4名进攻队员和2名二传队员，4名进攻队员都站在对角位置上。

这种阵容配备的特点：比赛中每一轮的前后排都有一名二传手、两名攻手（即一主攻手和一副攻手）。其作用是便于组织进攻，发挥本队的攻击力量，较容易组成"中一二"与"边一二"的进攻战术。

"四二"配备

"五一"配备

● "五一"配备：5名进攻队员和1名二传队员。加强进攻拦网的力量，配1名有进攻能力的队员接应二传，弥补二传队员来不及传球时出现的被动局面。

这种阵容配备的特点：比赛中只有1名二传手，其他队员为攻手，有利于加强进攻的拦网力量，进攻点多而灵活，但是对二传手的要求较高。

进攻战术

● "中一二"进攻战术：3号位队员作二传，将球传给4、2号位队员进攻的组织形式。

这种战术的特点：二传手居中，易于接应，便于组织进攻，但只能两点进攻，战术变化少。这种战术适合初级水平球队运用。

● "边一二"进攻战术：2号位队员作二传，将球传给3、4号位队员进攻的组织形式。

这种战术的特点：两名进攻队员位置相邻，便于相互掩护配合，从而打出多变的战术球。

● "插上"进攻战术：1号位队员由后排插上到前排作二传，把球传给4、3、2号位队员进攻的组织形式。

这种战术的特点：有利于组织各种进攻战术，进攻点灵活，不足之处是容易让传球队员接一传。

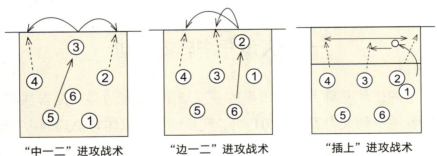
"中一二"进攻战术　　　"边一二"进攻战术　　　"插上"进攻战术

防守战术
接发球阵型

● "W"站位阵型：也称"一三二"型站位。其优点是5名队员分布均衡，前排3名队员接前场区的球, 后排2名队员接后场区的球, 职责分明; 缺点是后排2名队员接发球压力大。

●"M"站位阵型: 也称"一二一二"站位。其优点是队员分布更加均匀, 分工明确, 前面2名队员接前区球, 中间队员负责中区球, 后面2名队员接后区球。

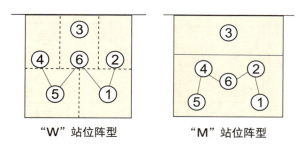

"W"站位阵型　　　　　"M"站位阵型

自由人

"自由人"是只能在后排进行防守, 不能参与前排网上动作及发球的队员。"自由人"的换上换下无须经过裁判批准, 在每球间自行上下且次数不限。在比赛中, 常通过自由人将教练意见带上场。

二、排球比赛基本规则

比赛方法

排球比赛由两队各6名队员上场比赛, 执行每球得分制。比赛采用五局三胜制, 前四局每局25分, 第五局即决胜局15分。前四局中, 一方需先达到25分并超过另一方2分时, 才算赢得该局。决胜局比赛中, 一方先得到8分后, 双方交换场地。接发球队胜1球时得1分, 并获得发球权, 同时发球方所有队员按顺时针方向轮转1个位置。

犯规

①比赛时发球次序错误: 某队未按照记分表上所登记的发球次序发球。
②一个队连续触球四次 (拦网一次除外)。

第四节　　气排球运动

一、认识气排球运动

气排球是在室内排球基础上衍生出来的一项新运动, 经过逐步完善规则、场地、器材, 这个项目在我国各地得到大力发展。2017年, 气排球被国家体育总局列为全运会体育比赛项目。

气排球除了借用与排球相同的托球、垫球、扣球、拦网、发球、步法等技术动作外, 产生了与排球接传球技术不同的托球、抱球、捧球等特有的接传球技术。这些技术简单、实用、易学、有效, 适用于接各种发球、重扣球、拦回球等, 也可用于组织进攻等。

二、气排球的接托球技术

托球

托球（又称插托球或者托翻顶球）是指队员用双手在体前的左（右）侧或者中部托送的一种击球动作。

迎球动作

● 手型：面向来球方向，一手在上，另一只手在下，两手向外成喇叭型75°~80°的一个夹角卡稳球。两肘关节适当内收，两手微张成球形，以确保将球托起到位。

击球动作

在正确迎球手型的基础上，当手和球接触的瞬间，手腕和手指要有顺势缓冲动作。击球时，下手托球，手掌、手指用力从球体重心的后下方通过，上手与下手形成合适的角度卡稳来球，使球在向上方送起的同时产生上旋。

抱球

抱球是指队员将离身体比较远的正面低球抱起的技术动作。

迎球动作

● 对掌抱球：当来球离体前比较近时，两肘伸直，手腕自然下垂，五指自然张开，两手手掌相对，大拇指朝上，两大拇指之间距离大于两小指之间的距离，左、右手掌斜相对形成一个与气排球大小相吻合的弧形，以便于抱住球的两侧。

击球动作

● 对掌抱球：手和球接触的瞬间，以指根带动指尖击球两边的后下部，食指、中指、无名指受力为主，双手大拇指在球两侧的上部，小指托在球的底部，用抬臂抖腕的力量将球抱出。击球点在腰腹部附近。

捧球

捧球是指队员用双手在腹前将离身体较远的来球捧起的技术动作。

迎球动作

● 双手捧球：来球时，双手掌心向上，手指张开，十指朝前形成弧形，手指、手腕与前臂基本形成一个平面。

击球动作

● 双手捧球：上臂夹紧身体，手指、手腕与前臂在一个平面上，靠手指、手腕与前臂上托的瞬间发力动作将球击出，其动作幅度较小。

三、气排球比赛基本规则

比赛方法

气排球比赛由两队各5名队员上场，执行每球得分制。比赛采用三局二胜，前两局每局21分，第三局即决胜局15分。前两局中，一方需达到21分并超过另一方2分时，才算赢得该局。当1：1平时，决胜局一方先得8分后，两队需交换场地，在场上位置不变的前提下继续比赛，先得到15分，并领先对方2分的一方即赢得该场比赛。

违规、违例

①2米线以内的进攻违例。
②接发球位置错误。
③触网。
④发球轮次错误。
⑤球触场外人或物等。

第五节　　　　欣赏排球比赛

一、著名排球赛事

● 奥运会排球赛

奥运会排球赛是世界最高水平的排球赛事之一，每四年举办一次。1964年10月，在日本东京举行的第十八届奥运会上，排球运动正式亮相于奥运赛场。奥运会排球比赛一般采用先分组进行单循环赛，小组名次列前的球队再进行交叉淘汰的方法进行比赛。

● 世界排球锦标赛

世界排球锦标赛又称排球世锦赛，是由国际排联主办的时间最早、规模最大的世界性排球比赛。男排和女排的第一届世界锦标赛分别于1949年和1952年举行，以后每四年举办一次。1964年后，与奥运会排球赛穿插进行。

● 世界杯排球赛

世界杯排球赛又称排球世界杯赛，始于1965年，是世界上最高水平的排球赛事之一，每四年举办一次。世界杯排球赛的前身是三大洲排球赛，三大洲排球赛是国际排联自1957年开始举行的，由欧洲、亚洲、美洲国家参加的世界男子排球比赛。1964年，国际排联决定将三大洲赛事改为世界杯赛事，并于1965年在波兰举行了第一届世界杯男子排球赛。第一届世界杯女子排球赛则于1973年在日本举行。

二、欣赏比赛

①看球员。排球赛场上的许多运动员因为超群的技术水平、随机应变的智慧和沉着的心理状态，成为人们喜爱的排球明星。主攻的热情奔放、性格外向，大有"攻城拔寨、无坚不摧"之势；副攻的机灵、敏锐，在进攻时有"矛"的锐利，拦网时展现"盾"的坚固；二传是球队的灵魂人物，他们沉稳、冷静，组织进攻"审时度势、变幻莫测"。

②看技术。排球运动中发、垫、传、扣、拦各项技术的运用都是球在空中的情况下完成的，运动员要用精准的时空感知能力，在短暂的时间内判断时机和位置，准确完成击球。在高水平的比赛中，我们经常能看到力量超群的弹跳、锐不可当的扣球和飘逸潇洒的"前飞""背飞"等。

③看战术。排球比赛不仅是技术和体力的比拼，更是团队之间战术和意志力的较量。高水平的比赛中，双方利用时间和空间展开的短平快、时间差、夹塞、梯次、交叉、立体进攻等节奏鲜明的战术，使双方的攻防转换始终在激烈的对抗中进行，呈现出瞬息万变的高水平心理战。

④感受团队精神。排球比赛中，每个人的技战术完成效果都与同伴的配合互为前提和结果，环环相扣。我们经常看到，出现失误的队员会主动承担责任，队友之间常常会相互击掌，这种互相鼓励、团结和谐的作风和不气馁的精神，常常使观众深受感染。

团结协作、顽强拼搏、永不言败的中国女排精神 | 中国女排在1982年获第九届世界女排锦标赛冠军，1984年获第二十三届洛杉矶奥运会女子排球赛金牌，1985年获第四届世界杯女排冠军，1986年获第十届世界女排锦标赛冠军⋯⋯

中国女排的三连冠、五连冠，为20世纪80年代的中国注入了一剂强心剂，中国女排成了中国人的榜样和骄傲。当年的主攻手郎平曾在自传中写道："女排是一面旗帜，女排的气势，振兴了一个时代，她是20世纪80年代的象征。"女排的傲人成绩起到了振奋人心的作用，各行各业掀起了一股学习"女排精神"的热潮。

中国女排队员在赛场上相互弥补、相互包容、相互信任，即使在比分落后的情况下，她们给予队友的永远是微笑和鼓励。正是这种众志成城、团结协作的团队精神，激发起女排姑娘们巨大的潜能和斗志，也使国人无比振奋。

测一测

一、填空题

1. 排球运动有6种基本技巧：发球、＿＿＿＿＿＿＿、垫球、进攻、拦网和救球。

2. "五一"配备时，＿＿＿＿＿＿＿具有进攻能力，也可以传球，弥补二传来不及传球时的被动局面。

二、简答题

1. 简述什么是"自由人"。

2. 气排球的接托球技术的技术要领是什么？

学习评价 | 经过一段时间的学习，你已经取得了一定的进步，请对自己学习排球的表现、学习效果、健康行为的养成和体育精神的塑造作一个评价。

核心素养	评价内容	等级			
		优秀	良好	中等	有待提高
运动能力	基本掌握所学排球、气排球运动的技战术				
	掌握排球、气排球运动专项体能练习方法				
	了解排球、气排球比赛规则，并在比赛中运用				
	能运用所掌握的排球、气排球运动的技战术参加比赛				
	能够制订和实施个人排球、气排球运动专项发展计划				
健康行为	能够在运动前进行有效热身，运动后积极放松				
	能够积极参加排球、气排球运动，并养成良好的锻炼习惯				
	能够较快适应各种比赛环境，并能有效预防和处理常见运动损伤				
	能够正确对待比赛的胜负，有效调控情绪，处理好各种人际关系				
	能通过收集当下世界排球强队的资料，分析各国的实力、水平并进行交流分享				
体育精神	在训练、比赛中展现出积极进取、顽强拼搏的意志品质				
	在训练、比赛中能遵守竞赛规则，服从裁判，尊重对手				
	在训练、比赛中诚实守信，具有公平竞争的意识和行为				
	在训练、比赛中能够团结队友、相互鼓励，充分发扬团队协作精神				
	在训练、比赛中能够表现出无私奉献、团结协作、艰苦创业、自强不息的中国"女排精神"				

第七章

乒乓球
运动

学习目标

● 了解现代乒乓球运动的起源及发展，认识乒乓球运动的文化价值和健身价值，学会欣赏乒乓球赛事。

● 初步掌握乒乓球运动的基本理论、技战术知识和练习方法。

● 通过参加乒乓球比赛，提高乒乓球运动水平，培养对乒乓球运动的兴趣，形成良好的运动习惯，树立终身体育的观念。

● 通过参加乒乓球运动，学习精益求精、顽强拼搏、锐意进取、敏捷果敢的"国乒精神"。

第一节　　　认识乒乓球运动

乒乓球运动是比赛双方使用乒乓球拍在乒乓球台上，隔网进行攻防和较量的运动。乒乓球在我国享有"国球"的美誉，喜欢这项运动的人特别多，开展十分广泛，竞技水平也很高。

乒乓球运动的特点

乒乓球运动作为一项全身运动，具有速度快、变化多的特点，既可以使人体全身的肌肉和关节组织得到活动，还可以发展人体灵敏、协调的运动能力。

乒乓球运动具有竞技性和娱乐性，是一项培养勇敢顽强、机智果断等品格的运动。

参加乒乓球运动的益处

参加乒乓球运动能有效改善眼部睫状肌功能，预防近视；使人体全身的肌肉和关节组织得到活动，从而提高动作的速度和上下肢活动的能力；有效地发展反应、灵敏、协调和思维能力，培养勇敢顽强、机智果断等品质，是保健、医疗和康复的有效手段。

> **乒乓球运动的起源及发展**
>
> 乒乓球运动起源于19世纪末的英国，因其打击时发出"Ping Pong"的声音而得名。1926年1月，在德国柏林举行了一次国际乒乓球比赛。同年12月，国际乒乓球联合会正式成立，并把在伦敦举行的欧洲锦标赛命名为首届世界乒乓球锦标赛。1904年乒乓球运动传入我国，经过100多年的发展，我国已成为名副其实的"乒乓球王国"，乒乓球被誉为我国的"国球"。

场地

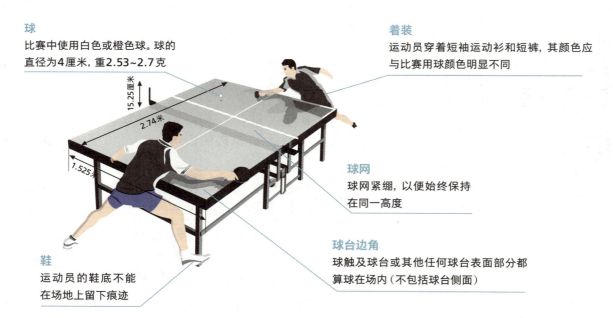

球
比赛中使用白色或橙色球。球的直径为4厘米，重2.53~2.7克

着装
运动员穿着短袖运动衫和短裤，其颜色应与比赛用球颜色明显不同

15.25厘米

2.74米

1.525米

球网
球网紧绷，以便始终保持在同一高度

鞋
运动员的鞋底不能在场地上留下痕迹

球台边角
球触及球台或其他任何球台表面部分都算球在场内（不包括球台侧面）

| 第二节 | 学打乒乓球 |

一、准备姿势

以右手持拍者为例（以下皆同），两脚开立，比肩稍宽，左脚稍前，右脚稍后，前脚掌内侧着地，脚后跟略抬起，两膝自然微屈；肩关节放松，持拍手位于身前偏右处，拍略高于台面。

二、握拍

● 直握拍法：在球拍的前面，以食指中节和拇指末节扣住拍肩，两指尖相距1～2厘米，拍柄贴住虎口；在球拍的背面，三指自然弯曲，中指末节顶在球拍三分之一处，其余两指垂叠于中指之上。

● 横握拍法：虎口贴住拍肩，拇指伸在球拍正面，食指伸在球拍反面，其余三指握住拍柄。

直拍握拍　　　　　　　　　　　　横拍握拍

三、基本技术动作

● 推挡：近台站位，前臂向前推出，食指压拍，使拍面前倾。在来球的上升期击球的中上部，击球后手臂顺势前送。

推挡

● 攻球

正手快攻：近台站位，手臂由右侧向左前上方迅速挥动，以前臂发力为主，食指放松，大拇指压拍，使拍面前倾，结合手腕内旋动作，在来球的上升期击球中上部。

横拍反手攻球：近台站位，向左后引拍，略收腹，拍面稍前倾，在

> **合法发球**
> ● 发球时，球应放在不执拍的手掌上，手掌张开并伸平。球应静止在比赛台面端线之后的水平面之上。
> ● 发球时必须垂直向上抛球，不得使球旋转，并使球离开手掌上升不少于16厘米。
> ● 不能遮挡发球。
> ● 当球从抛起的最高点降落时，发球员击球，使球首先触及本方台区，然后越过球网，再触及接球员台区。在双打中，球应先后触及发球员和接球员球台的右半区。

来球的上升期，向右前上方挥拍击球中上部，以前臂发力为主，手腕应控制好拍型。

直拍横打：站位与横拍反手攻球相同。持拍手手腕立起，身体重心略高，在来球的上升期，手腕先向后稍转，然后向前下方击球的中上部。击球时，拇指和中指用力，食指放松。

正手快攻

横拍反手攻球

直拍横打

● 发球

正手平击发球：非持拍手掌心托球，置于体前，向上抛起，同时持拍手稍向后引拍，待球降至近于网高时，拍面稍前倾击球中上部。

正手平击发球

正手发下旋球：拍面稍后仰，引拍至身体右后上方，当球下降至低于球网时，小臂迅速向前下方用力摩擦球，触球的中下部。

正手发下旋球

● 搓球：站位近台，在来球的下降期，拍面后仰，摩擦球的中下部。

搓球

● 弧圈球：两脚开立，右脚稍后，身体略向右转。拍面前倾，自然引拍至右下方约与台面齐高处。当来球从台面弹起时，腰部由右向左转动，前臂在上臂带动下向前发力，手腕微微转动，在高点期摩擦球的中上部。

弧圈球

练一练

①单一线路的练习

● 按规定的单一线路进行单一技术的练习，如右方斜线对攻。

● 按规定的单一线路进行两个或两个以上技术的练习，如左方斜线左右两面攻（横拍）或左推右攻（直拍）。

②两点打一点的练习

● 有规律地变换左右落点，如一左一右、一左两右等。

● 无规律地变换左右落点。

③两点对两点的练习

● 两斜对两直：规定一方只能打两条斜线，另一方只能打两条直线。

● 逢斜变直、逢直变斜：一方可随意向对方全台击球；另一方遇斜线来球必须回直线，遇直线来球必须回斜线。

四、步法

● 单步：以一脚为轴，另一脚向前、后、左、右不同方向移动，重心也随之跟上。快攻型选手在回击短线球、削球选手在削追身球时，常用此步法。

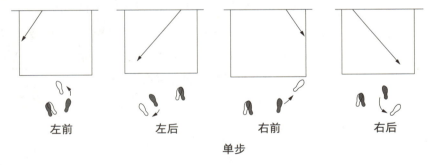

| 左前 | 左后 | 右前 | 右后 |

单步

● 跨步：以一脚向前、后或左、右的不同方向跨出大步，身体重心随即移到摆动脚上，而另一只脚也迅速滑动半步跟过来。进攻型选手扑打正手球，削球选手左、右移动救球时常用此步法。

● 并步：一脚先向另一只脚移动半步，另一只脚在移动脚落地后即向同方向移动。此步法常用于进攻型选手正手的走动攻球或拉球，左右摆速，正、反手削球等。

- 跳步：以来球同方向脚踏地为主。在移动过程中，两脚有短暂的同时离地。在来球较快、角度较大的情况下采用跳步。

- 交叉步：靠近来球方向的脚先做一小垫步并用力蹬地起动，身体向来球方向转动；远离来球方向的脚越过靠近来球方向的脚，并跨出一大步，两脚在身体前形成交叉。在远离来球的脚将落地时击球，同时上体顺势面向球台，靠近来球方向的脚随之落在另一只脚的侧后方。当来球距离身体较远，采用并步或跳步仍不能取得合适的出球位置时，可运用交叉步。

跨步　　　　　　　　跳步　　　　　　　　交叉步

专项体能训练

①灵敏素质训练：多球多方向来球的击球练习。

②速度素质训练：听信号急停急起练习；对墙击球练习；沿球台一周的反向快速跑练习。

③力量素质训练：蛙跳训练，6~8个为一组，还可以使用负重蛙跳的方式练习；选用负重仰卧起坐方式，腹部向不同方向摆动练习；根据乒乓球的击打动作，配合脚上动作，进行挥拍练习，15~20次为一组。

④耐力素质训练：800~1 000米变速跑；3分钟左推右攻练习。

自我测试

技术动作		动作自评
推挡、正手攻球、反手攻球、搓球	优	手法、击球时间正确，步法与全身协调性好，球速较快，节奏感强
	良	手法、击球时间正确，步法与全身协调性较好，球速和节奏感一般
	中	手法正确，步法与全身协调性一般，球速较慢且时高时低
正手平击发球、正手发下旋球	优	满足合法发球的4个条件，充分利用腰腿力量击球，动作连贯，命中率高
	良	满足合法发球的4个条件，利用腰腿力量击球，动作较连贯，命中率较高
	中	基本符合发球条件，动作连贯性和命中率一般

测试项目（以1分钟计数）	等　级		
	优	良	中
推挡/个	45	40	30
正手攻球/个	25	20	15
反手攻球/个	25	20	15
反手对搓/个	25	20	10
发球/个	9	7	5

第三节　　　　　　学打比赛

在学习了一定的乒乓球技术，尤其是在掌握了一定的乒乓球打法之后，学习者对比赛的渴望更加强烈。这时，还需要进一步了解比赛规则，掌握一些技战术方法，才能赢得比赛的胜利。

一、比赛战术

发球抢攻战术

● 反手发侧上、下旋球至对方正手近网或对方反手底线接球，待对方接回质量不高的球时抢攻。此方法对付快攻、弧圈、削球打法有效。

● 反手发急下旋斜线长球，配合直线长球和短球，待对方接回质量不高的球时抢攻。此方法对付快攻和弧圈打法有效。

● 侧身用正手发高/低抛左侧上/下旋球至对方中路或左大角，结合发直线长球与短球，待对方接回质量不高的球时抢攻。要做到发长球有速度，发短球不出台，旋转强。此方法对快攻、弧圈和削球打法有效。

● 正手发转与不转短球至对方右方或中间，或者发长球偷袭对方反手区域，待对方接回质量不高的球时伺机抢攻。要求动作隐蔽，旋转差别大。此方法对付快攻、弧圈打法较有效。

对攻战术

此战术主要用于对付快攻和弧圈球选手。

● 紧压对方反手突变正手，伺机抢攻。

● 调右压左，伺机进攻。

● 加、减力推挡结合推下旋球，伺机进攻。

● 连续压对方中路，突变两角，伺机进攻。

拉攻战术

此战术主要用来对付削球选手。

● 拉两个对角线，找机会扣杀中间直线。

● 拉追身球，找机会扣杀直线或两个对角线。

● 拉长球与摆短球相结合；拉球与搓球相结合。

搓攻战术

- 快搓后伺机抢攻。用快搓加转短球或长球至对方反手的方法找机会抢攻。
- 搓转与不转球，利用旋转和落点变化找机会突击。

二、比赛基本规则

比赛方法

①一场比赛应采用三局二胜制或五局三胜制或七局四胜制。在一局比赛中，先得11分的一方为胜方，10平后，先多得2分的一方为胜方。

②对方发球或还击后，本方运动员击球，使球直接越过或绕过球网装置，或触及球网装置后再触及对方台区。

③在每发球两次后，接发球方即成为发球方，以此类推，直至该局比赛结束。或者直至双方比分都达到10分后实行轮换发球，此时，发球和接发次序仍然不变，但每人只轮发1分球。

违例

①对方阻挡或连击。

②对方运动员未能合法发球。

③对方运动员不执拍手触及比赛台面。

第四节　　　　欣赏乒乓球比赛

一、著名乒乓球赛事

- 奥运会乒乓球赛

在1988年汉城奥运会上，乒乓球被列为正式比赛项目，设男、女单打和男、女双打4个小项。为了增加比赛的激烈程度，2008年北京奥运会乒乓球比赛将男、女双打项目改成男、女团体项目，设男子单打、女子单打、男子团体、女子团体4块金牌。在2021年举办的东京奥运会乒乓球项目上增设了混双项目。

- 世界乒乓球锦标赛

世界乒乓球锦标赛是由国际乒乓球联合会主办的国际性乒乓球比赛，第一届于1926年在伦敦举行，自1959年第二十五届起改为每两年举行一次。比赛共设男子团体、男子单打、男子双打、女子团体、女子单打、女子双打和混合双打7个项目。

● 世界杯乒乓球赛

世界杯乒乓球赛创办于1980年，1996年后增加女子项目，除1999年因赞助商原因停办外，该项比赛保持一年一度的举办传统。世界杯乒乓球赛包括男女单打和男女团体四项赛事。

二、欣赏比赛

①观球艺。乒乓球赛是由竞技双方在对抗中一板球一板球地组合而成的。对峙双方以忽攻忽守、忽近忽远、忽左忽右、忽快忽慢的各种击球方式，展现出错综复杂、使人眼花缭乱的比赛画面。发球的旋转变化也扑朔迷离，一旦了解了旋转的奥妙，又会感到妙趣横生；攻球的对扣对杀、弧圈球的对拉，使人心情激动；削球的细腻柔韧，让人体会到什么是以柔克刚。

> **乒乓球大满贯、全满贯**
>
> 乒乓球大满贯是指同一个运动员获得过奥运会、世锦赛和世界杯三大赛单打冠军。1992年以来，乒坛先后涌现出10名男女大满贯选手。全满贯是指同一个运动员除获得奥运会、世锦赛和世界杯所代表的大满贯单打冠军之外，还获得全运会、亚运会、亚锦赛和巡回赛总决赛的单打冠军。

②观球风。球星的魅力，在很大程度上取决于他们在球场上的风格。我们在欣赏运动员精湛球艺的同时，也要领略球星的卓越风采。"六边形战士"马龙技术均衡全面，正反手衔接流畅；"大蟒"许昕能缠能咬，打球手感极佳，技术风格如行云流水般顺畅；"小胖"樊振东势大力沉，反手拧拉，霸气十足……他们的球风中渗透的战术，如声东击西、对扣对冲、左右调动、长拉短吊等，使人心驰神往，拍案叫绝。

③观全局。打球如打仗，团体赛的排兵布阵事关全局，充满智慧。教练员的精心设计，力争战术效果得到淋漓尽致的体现。观赛者不妨当一名编外指导，揣摩、猜测排阵方案，看看是否与教练员的构思不谋而合，也自有一番乐趣。

> **中国第一位世界冠军——容国团** | 容国团，国家级运动健将。1959年，在第25届世界乒乓球锦标赛上，他为中国夺得了第一个乒乓球男子单打世界冠军。1961年，在第26届世界乒乓球锦标赛男子团体决赛上，面对中国队赛况落后的不利形势，他坚定信念，振奋精神，最终力挫对手，为中国队第一次夺得男子团体冠军做出了重要贡献。他是我国体坛一位里程碑式的人物。2019年，容国团获"最美奋斗者"个人称号。

测一测

一、填空题

1.在一局比赛中，先得_____分的一方为胜方；10平后，先多得_____分的一方为胜方。

2.乒坛大满贯是指获得_____、_____和_____三大赛单打冠军。

二、简答题

简述参加乒乓球运动的益处。

学习评价｜经过一段时间的学习，已经取得了一定的进步，你可以对自己学习乒乓球的表现、学习效果、健康行为的养成和体育精神的塑造作一个评价。

核心素养	评价内容	等级			
		优秀	良好	中等	有待提高
运动能力	基本掌握所学乒乓球运动的技战术				
	能够制订和实施个人乒乓球运动专项发展计划				
	掌握乒乓球运动专项体能练习方法				
	了解乒乓球比赛规则，并能在比赛中运用				
	能运用所掌握的乒乓球运动技战术参加比赛				
健康行为	能够在运动前进行有效热身，运动后积极放松				
	能积极参加乒乓球运动，并养成良好的锻炼习惯				
	能够正确对待比赛的胜负，有效调控情绪，处理好各种人际关系				
	能收集整理资料并分析我国著名乒乓球运动员的技战术特点和获胜法宝				
	能够较快适应各种比赛环境，并能有效预防和处理常见运动损伤				
体育精神	在比赛中展现出积极进取、顽强拼搏的意志品质				
	在比赛中能遵守竞赛规则，服从裁判，尊重对手				
	在比赛中诚实守信，具有公平竞争的意识和行为				
	在训练和比赛中能够团结队友、相互鼓励，充分发扬团队协作精神				
	在训练和比赛中能够表现出为集体争光、奋发图强、不断创新的中国乒乓球精神				

第八章

羽毛球
运动

学习目标

●了解羽毛球运动的起源和发展，认识羽毛球运动的文化价值和健身价值，学会欣赏羽毛球比赛。

●初步掌握羽毛球运动的基本技术、基本规则和练习方法。

●通过参与羽毛球运动，养成良好的锻炼习惯，培养勇敢顽强，超越自我的精神风貌，具备公平公正的竞争意识，发展与未来职业相适应的身体素质。

第一节　　　　认识羽毛球运动

羽毛球运动是比赛双方在场地上隔网用羽毛球拍来回击打羽毛球进行攻防对抗的运动。

羽毛球运动比赛节奏快，需要快速的反应能力和较高的体能，比赛场面激烈刺激，视觉效果劲爆，深受人们喜爱。

羽毛球运动的起源及发展

19世纪70年代，英国军人把在印度学到的普那（poona）游戏带回国，作为茶余饭后的消遣娱乐活动。1873年，英国格拉斯哥郡伯明顿镇的一位叫鲍弗特的公爵，在庄园举行普那游戏，比赛引人入胜，妙趣横生。后来人们以"badminton"为该项运动命名。1992年，巴塞罗那奥运会上羽毛球被列为正式比赛项目。

羽毛球运动的特点

羽毛球运动是一种全身运动，无论是羽毛球竞赛还是作为普及的健身活动，都需要运动者在场地上不停地挪动脚步、腾跃、转体、挥拍，合理地运用各种击球技术和步法将球在场上往复对击。

羽毛球运动适合男女老幼，运动量可依据个人年龄、体质、运动程度和场地环境等因素而定。

参加羽毛球运动的益处

长期坚持羽毛球运动：可发展人体动作的灵敏性和协调性；可以加强上肢、下肢和腰部的肌肉力量，加快全身血液循环，增强心血管系统和呼吸系统功能，改善身体素质，预防现代文明病的出现；对慢性颈椎病和近视等有一定的改善作用。

参与羽毛球运动，可培养积极乐观的生活态度，顽强拼搏、沉着果断的意志品质，还可以提高体育文化素养。

中国羽毛球运动

羽毛球运动约于1920年传入中国，1949年后得到迅速发展。1954年，中国组建了羽毛球国家集训队。20世纪70年代，中国羽毛球队跻身世界强队之列。如今，中国羽毛球运动水平处于世界先进水平。

场地

羽毛球场地是专门用于羽毛球训练和比赛的长方形运动场地。羽毛球场横向被中线平分为左右两个半区，纵向被分为前场、中场、后场。

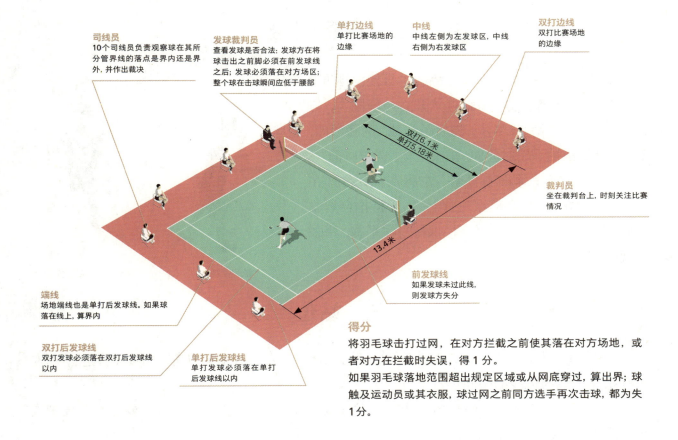

司线员
10个司线员负责观察球在其所分管界线的落点是界内还是界外，并作出裁决

发球裁判员
查看发球是否合法：发球方在将球击出之前脚必须在前发球线之后；发球必须落在对方场区；整个球在击球瞬间应低于腰部

单打边线
单打比赛场地的边缘

中线
中线左侧为左发球区，中线右侧为右发球区

双打边线
双打比赛场地的边缘

双打6.1米
单打5.18米

13.4米

裁判员
坐在裁判台上，时刻关注比赛情况

前发球线
如果发球未过此线，则发球方失分

端线
场地端线也是单打后发球线。如果球落在线上，算界内

双打后发球线
双打发球必须落在双打后发球线以内

单打后发球线
单打发球必须落在单打后发球线以内

得分
将羽毛球击打过网，在对方拦截之前使其落在对方场地，或者对方在拦截时失误，得1分。
如果羽毛球落地范围超出规定区域或从网底穿过，算出界；球触及运动员或其衣服，球过网之前同方选手再次击球，都为失1分。

第二节　　　　学打羽毛球

一、握拍技术

握拍直接影响羽毛球技术的掌握和提高，在实战中应根据击球的位置和性质，灵活采用不同的握拍方法来完成击球动作，以取得最好的击球效果。常用的握拍方法有两种：正手握拍和反手握拍。

● 正手握拍：将拍面与地面垂直，持拍手虎口对准拍柄窄面或内侧斜面，五指自然弯曲空握球拍。

● 反手握拍：在正手握拍的基础上顺时针旋转，拇指伸直贴在拍柄的宽面上。

练一练

①握拍确保看到侧面拍框。
②拇指和食指握拍，其余手指自然贴于球拍。
③虎口对准拍柄窄面或内侧斜面。
④转换练习。

正手握拍

反手握拍

二、准备姿势

准备姿势包括基本准备姿势和单打接发球准备姿势。

● 基本准备姿势：两脚自然开立与肩同宽，与持拍手同侧的脚后移半步，脚后跟离地，两膝弯曲，身体前倾；持拍手屈肘前伸，拍头上仰，置于胸前。

● 单打接发球准备姿势：左脚在前，右脚在后；双膝稍弯曲，重心落在左脚上；右手持拍自然放在胸前，左手自然屈肘于左侧，保持身体平衡，两眼注视前方。

准备姿势　　　　　　单打接发球准备姿势

三、站位

● 单打接发球站位：站在离前发球线约1.5米处，在右区应站在靠近中线的位置，在左区则站在中线与边线的中间位置上。

● 双打接发球站位：站在离中线和前发球线距离适当的地方，在右区时要注意不要把右区的后场靠中线区暴露出来，在左区时注意保护头顶区。

● 双打抢攻站位：前脚紧靠在前发球线，而且身体倾斜度较大，球拍高举。较为稳妥的站位是站在离前发球线有一定距离的地方，类似单打站位法。

四、基本步伐

羽毛球步伐在实际运用时可以分为上网步伐、后退步伐和两侧移动步伐，其基本步伐又由垫步、交叉步、蹬步、跨步、跳步、并步等组成，每一种步法一般都从场地中心位置开始移动。

● 上网步法：判断对方来球后，迅速移动重心至右脚，左脚向来球方向迈出一小步，紧接着右脚向前跨一大步。击球后，往中心方向先退右脚，后退左脚。

● 后退步法：判断来球后，右脚向后退一步，带动身体向右侧转，接着左脚向右脚并步靠近，右脚再后移一步到位，侧身准备击球。击球后，迅速回位至球场中心位置。

● 两侧移动步法：左侧移动时，判断来球落点，以左脚为轴，右脚蹬地向左侧跨一大步到位，背对球网击球；击球后，右脚回蹬回位。右侧移动时，判断来球落点，左脚蹬地先向右脚侧移一步，右脚向右跨出一大步到位击球；击球后，右脚蹬地并步回中心位置。

五、发球

发球是羽毛球每一回合的开始，也是唯一不受对方限制的羽毛球技术。羽毛球发球虽不能像乒乓球发球那样使球产生各种旋转，但它可以通过不同的发球手法，发出不同弧度、不同落点的球来控制对方。

● 正手发高远球：用正手握拍的方式将球击得又高又远，当球飞行至最高点后突然垂直下落至对方底线附近。站位在中线附近；准备姿势为重心居中，左脚在前，右脚在后，左手持球并举在胸前，右手正手握拍；引拍时身体稍右转，重心移到左脚，右臂摆向右后上方；击球时手指松球，身体转向正面，重心由右脚到左脚，并提起右脚跟，利用手腕的力量向前击球；击球后，顺势向左上方挥动，于左脚上方收拍。

● 反手发网前球：用反手握拍法以反拍面将球击入对方前发球线内，要求球飞行过网后立即下坠或球飞行一小段后向下飞行，保证球贴网而过。击球准备时，右脚在前，身体重心在前脚上，拍子在体前微斜；反手握拍，做出短的、具有挥动性质的体前触球挥拍动作。

练一练	①无球挥拍练习。 ②有球网前发球练习。
想一想	双打比赛中一般采用什么发球方式?

训练提示
①松开羽毛球的位置要高，注意挥拍缓冲。
②大臂带动小臂，协调发力。
③球不要超过腰部。
④小臂摆起，球拍斜向下。

六、接球技术

● 正手放网：将对方击至前场低手位的球轻轻一击，使球擦网而过，并落至对方前场区域。判断来球时降低重心，向身体右侧或左侧的来球方向移动，同时持拍手手臂内旋或外旋带动手腕稍做回环引拍动作伸向来球底部；手指发力，拍面伸向球托底部，靠身体力量和拇指、食指力量将球向上抬击；击球后向中心位置移动。

正手放网

练一练	①脚尖接羽毛球练习。 ②两人一抛一击练习。 ③两人互击练习。

● 正手挑球：将对方击至持拍手同侧前场低手位的球，以由下至上的弧线回击至对方后场端线上空。判断来球时降低重心，持拍手外旋带手腕回环引拍并伸向来球底部；前臂迅速内旋带动手腕，向前上方展腕发力击球；击球后向中心位置回位。

练一练 ｜ ①完整挥拍练习。

②两人一抛一击练习。

③两人一吊一挑练习。

正手挑球

● 正手击高远球：这是由底线击至对方底线的一种高弧度飞行球。准备时，侧身对网，同时两臂架拍，双眼注视来球；蹬地转体移重心，球拍自然向后倒；手臂带动球拍迅速迎击来球，击球瞬间手指握紧球拍；击球后，右手顺势向左前下方挥动。

练一练 ｜ ①投抛球练习。

②无球动作技术练习。

③两人对拉高远球练习。

正手击高远球

专项体能训练

①灵敏性和移动速度训练：四角移动步法练习，从羽毛球场中心位置出发，采用羽毛球运动的移动步法，快速、连续地向半场内的四个角往返移动。每次移动后必须回到本方半场中心位置。移动回球练习：在队友的给球配合下，反复进行后场击高远球接回网前球、左侧网前小球接右后回高远球、左右侧交替移动回球等组合技术练习。每个组合技术每次练习5组，每组往返8轮。

②心肺耐力和移动速度训练：在羽毛球场一侧的两条单打区域线上分别放置多只羽毛球，练习者面朝球网站在中线位置，依次向左右侧移动，用手触碰并推开线上的羽毛球，记录完成的时间。以10次为1组，每次练习5组。

自我测试

动作名称	等级	动作评价
发球	优	持球、引拍动作协调、舒展，松放球时机合适，击球节奏掌握得好，随挥和跟进动作完成好，发球落点准确，成功率高
	良	持球、引拍动作较为协调，松放球时机合适，击球节奏掌握得较好，能完成随挥和跟进动作，发球落点有效，成功率较高
	中	能做出持球、引拍动作，能完成随挥和跟进动作，有一定的发球成功率
正手放网	优	对来球判断准确，移动到位，引拍动作协调，击球点准确，击球动作连贯，随挥动作完成得好，击球动作节奏掌握得好
	良	对来球判断比较准确，移动到位，引拍动作协调，击球点较准确，击球动作比较连贯，随挥动作完成较好，击球动作节奏掌握得较好
	中	能判断来球，移动基本到位，能完成引拍、击球和随挥动作，击球动作有一定的节奏

动作名称	等级	动作评价
正手挑球	优	对来球判断准确,移动到位,引拍动作协调,击球点准确,击球动作连贯,随挥动作完成得好,击球动作节奏掌握得好
	良	对来球判断比较准确,移动到位,引拍动作协调,击球点较准确,击球动作比较连贯,随挥动作完成较好,击球动作节奏掌握得较好
	中	能判断来球,移动基本到位,能完成引拍、击球和随挥动作,击球动作有一定的节奏
正手击高远球	优	对来球判断准确,移动到位,引拍动作协调,击球点准确,击球动作连贯,随挥动作完成得好,击球动作节奏掌握得好
	良	对来球判断比较准确,移动到位,引拍动作协调,击球点较准确,击球动作比较连贯,随挥动作完成较好,击球动作节奏掌握得较好
	中	能判断来球,移动基本到位,能完成引拍、击球和随挥动作,击球动作有一定的节奏

第三节　　　　　　　学打比赛

在瞬息万变的比赛场上,运动员需要充分发挥自己的技术,根据自身条件和特点,针对不同的对手做出相应的变化,以己之长、攻彼之短,把握比赛的主动权,最终赢得比赛的胜利,其中战术的运用和变化是非常重要的。

一、比赛战术

单打战术

● 发球抢攻战术:根据当时对方的站位、反击能力和状态等因素,有意识地通过多变的发球,争取场上的主动,为自己创造进攻的机会。

● 压后场(反手)战术:通过高球、平高球、推球和抽球等技术反复地将球死死地压在对方的底线附近,特别是对方的反手后场区域,造成对方处于被动,回球质量下降,然后抓住机会攻其前场空当。

● 下压进攻控制网前战术:以快速、凶猛的进攻,将对方控制在网前,再配合高远球突击对方底线,创造中后场的进攻机会,全力发起进攻。这种战术对付个头高大、步法移动迟缓、网前出手慢、接下手球比较吃力的对手较为有效。

● 打四方球战术:只打网前两个点和后场两个点。这种战术击球角度大、线路变化多,对付步法慢、技术不全面、体力差、情绪易急躁的对手较为有效。

双打战术

● 二打一（攻人）战术：如果发现对方其中一人技术或心理上比较弱，出现失误比较多，防守时球路比较单调，可以集中力量打这一人。

● 攻中路战术：对方左右站位时，力争把球打在两人之间的结合处，以造成对方两人抢接或让球，使其彼此不协调，有效地限制对方挑出大角度的球路，为自己创造网前的封网机会。

● 后攻前封战术：后场一人见高球就大力扣杀创造机会，前场另外一人扑球、搓球、勾球、推球控制网前，或拦吊、扑杀封住前半场，使整个攻防连贯而又有节奏地变化。

> **练一练**
> ① 半固定球路战术练习。
> ② 固定球路战术练习。
> ③ 组合球路战术练习。

二、比赛基本规则

比赛方法

羽毛球比赛通常采用三局两胜制，实行每球得分制，一方先得到21分为胜1局。1局若打到20平后，领先对方2分才算胜当局；若打到29平后，先得1分方获胜。一局胜在下一局中先发球。发球者得分为奇数时，在其左发球区向对角的对方场区发球；得分为偶数包括0时，在其右发球区向对角的对方场区发球。发球者得分后，下一回合连续发球。若接发球者取得1分，下一回合成为发球者。

比赛开始，双方运动员到裁判前的右边进行挑边，赢方就球权和场地做出选择，选择要发球还是接发球，以及在哪个场区。

违例犯规

① 球挂在网上或停在网顶。
② 双打时，接发球员的同伴接到球或被球触及。
③ 击球瞬间，拍柄朝上。
④ 两段式发球，发球动作不连贯。

> **组织比赛**
> 同学们用粉笔、木棍画一个简易球场，口头约定规则后进行比赛。这种比赛的趣味性、灵活性更强。

第四节　　　欣赏羽毛球比赛

一、著名羽毛球赛事

● 汤姆斯杯羽毛球赛

汤姆斯杯羽毛球赛，即世界男子团体羽毛球锦标赛。1948年举行首届比赛，现为两年一届,在偶数年举行。比赛由三场单打、两场双打组成。

● 尤伯杯羽毛球赛

尤伯杯羽毛球赛,即世界女子团体羽毛球锦标赛。1956年举行首届比赛,两年一届,在偶数年举行。比赛由三场单打、两场双打组成。历史上夺得尤伯杯冠军最多的国家是中国。

● 世界羽毛球锦标赛

世界羽毛球锦标赛,即世界羽毛球单项锦标赛,设有男、女单打,男、女双打和混合双打5个比赛项目。1977年起为三年一届;1983年起改为两年一届,在奇数年进行;2005年起改为每年一届,但奥运年不举办。

● 苏迪曼杯羽毛球赛

苏迪曼杯羽毛球赛,即世界羽毛球混合团体比赛。1989年开始举办,两年一届,在奇数年举行,比赛由5个单项组成。

● 奥运会羽毛球比赛

1992年在巴塞罗那奥运会上,羽毛球成为奥运会正式比赛项目,只设4个单项比赛,无混双比赛。从1996年亚特兰大奥运会起,增设混双项目。

二、欣赏比赛

①欣赏运动员的优雅身姿。羽毛球运动有着音乐一样的明快节奏,也有着舞蹈一般的优雅身姿。运动员们在赛场上轻盈地奔跑,同时做出各种各样的击球动作,你一拍、我一拍,时快时慢、时前时后,犹如舞蹈演员在舞台上翩翩起舞。

②欣赏运动员的技战术水平。在观看比赛前,应对比赛双方运动员的实力背景有所了解,知道双方的技术特点及主流打法,增加对比赛看点的关注。通过观看他们对高远球、吊球、杀球、放网前球、搓球、推球、勾球、扑球、挑高球、抽球、接杀球等战术的灵活应用,领略羽毛球运动中"快""准""狠"技术的观赏乐趣。

人民楷模——王文教 | 王文教,原国家羽毛球队总教练。1954年,他为振兴我国羽毛球事业,从印度尼西亚回到祖国,曾多次获得全国羽毛球赛男子单打、双打冠军。退役后他先后执教福建省羽毛球队、国家羽毛球队。在他任国家羽毛球队总教练期间,中国羽毛球队获得了1982、1986、1988、1990年汤姆斯杯团体赛冠军,涌现出56个世界单项冠军。王文教荣获了国际羽联颁发的"终身成就奖"。2019年9月17日,国家主席习近平签署主席令,授予王文教"人民楷模"国家荣誉称号。

测一测

一、填空题

1.标准羽毛球馆的场地为_____，长度为_____米。

2.奥运会羽毛球比赛项目有_____、_____、_____、_____、_____共5项比赛。

二、简答题

1.羽毛球比赛的计分方式是怎样的?

2.如何欣赏羽毛球比赛?

学习评价

经过一段时间的学习，你已经取得了一定的进步，请对自己学习羽毛球的表现、学习效果、健康行为的养成和体育精神的塑造作一个自我评价。

核心素养	评价内容	等级			
		优秀	良好	中等	有待提高
运动能力	基本掌握所学羽毛球运动的技术动作				
	掌握羽毛球运动专项体能训练方法				
	能够将所学技术动作运用到羽毛球比赛之中				
	了解羽毛球比赛规则并能在比赛中运用				
	能够制订和实施个人羽毛球专项发展计划				
健康行为	积极参与羽毛球运动，并养成良好的锻炼习惯				
	能够在运动前自觉热身，运动后积极放松				
	能够预防羽毛球运动的常见损伤				
	能够正确对待胜负，调控运动情绪				
	能够适应不同的比赛环境和处理好各种人际关系				
	能分享经典的羽毛球赛事，激发兴趣并形成志趣				
体育精神	在运动中表现出积极进取、顽强拼搏的良好品质				
	比赛中遵守规则、尊重裁判、尊重对手				
	比赛中诚实守信，具有公平竞争的意识和行为				
	在训练和比赛中能够胜任各种运动角色				
	在训练和比赛中与同伴相互鼓励、团结协作				
	在训练和比赛中表现出勇于向强者挑战、顽强不屈、决不轻言放弃的精神				

第九章

网球运动

学习目标

● 了解网球运动的起源和发展，认识网球运动的文化价值和健身价值，学会欣赏网球比赛。

● 初步掌握网球运动的基础技术、基本战术、基本规则和练习方法。

● 通过参与网球运动，全面提高身体素质，培养优雅的气质、文明的举止、良好的精神风范，提升社会交往与沟通能力。

第一节　　　　　认识网球运动

　　网球运动是比赛双方在隔网场地上，使用球拍来回击打网球进行攻防对抗的运动。参与网球运动的益处很多，因此它广受欢迎，有"世界第二大运动"的美誉。

网球运动的特点

　　网球运动与羽毛球运动、乒乓球运动等隔网持拍对抗类的运动项目有共同的属性，但因比赛规则、场地大小、球拍和球材料性质的不同等，导致击球原理不同，集中表现在对球"控制"的难度上。

> **网球运动的起源**
>
> 法国僧侣在11世纪或12世纪玩类似于网球运动的一种游戏，这种游戏被称为"jeu de paume"（手掌运动），在16至17世纪逐渐盛行并形成比赛。1874年，英国人沃尔特·克洛普顿·温菲尔德少校对此运动进行了改革，提出了一套接近于现代网球的打法，制订了规则，并为这项运动申请了专利。后来，这项运动被称为"草地网球"，并逐步形成了现代网球运动。网球运动孕育在法国，诞生在英国，普及并走向高潮在美国，现盛行于全世界。

　　网球的发球方式独特，空中击球快速而有力，在职业比赛中，男选手发球的速度可达200千米/时以上，女子也能接近200千米/时。

　　网球比赛的记分方法独特，对运动员的心理素质要求高。

参加网球运动的益处

　　网球运动是一项全身运动，有利于矫正和改善身体姿势，能使处在身体发育过程中的青少年的身体协调发展，形成健美的体形。

　　网球运动是一项优雅的运动，它能培养运动者优雅的气质、文明的举止和良好的精神风范。

　　网球运动是一项综合运动，它不仅能全面提高运动者的身体素质，如速度、力量、耐力、协调性、灵敏度等，还能强化心理素质。

　　网球运动是一种社交活动，它能培养运动者的社会交往与沟通能力，全面提升他们的社会适应能力。

场地

　　尽管网球场地有各种不同的种类，但其尺寸规格都是相同的。大部分球场既可以用于单打，也可以用于双打。

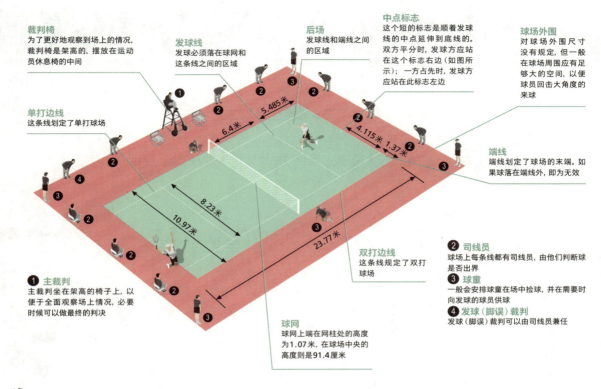

裁判椅
为了更好地观察到场上的情况，裁判椅是架高的，摆放在运动员休息椅的中间

发球线
发球必须落在球网和这条线之间的区域

后场
发球线和端线之间的区域

中点标志
这个短的标志是顺着发球线的中点延伸到底线的。双方平分时，发球方应站在这个标志右边（如图所示）；一方占先时，发球方应站在此标志左边

球场外围
对球场外围尺寸没有规定，但一般在球场周围应有足够大的空间，以便球员回击大角度的来球

单打边线
这条线划定了单打球场

6.4米   5.485米   4.115米   1.37米

端线
端线划定了球场的末端。如果球落在端线外，即为无效

8.23米

10.97米

23.77米

双打边线
这条线规定了双打球场

② **司线员**
球场上每条线都有司线员，由他们判断球是否出界

③ **球童**
一般会安排球童在场中捡球，并在需要时向发球的球员供球

① **主裁判**
主裁判坐在架高的椅子上，以便于全面观察场上情况，必要时候可以做最终的判决

球网
球网上端在网柱处的高度为1.07米，在球场中央的高度则是91.4厘米

④ **发球（脚误）裁判**
发球（脚误）裁判可以由司线员兼任

球

比赛用球必须符合国际网联的规定。球的外部需有黄色和白色的纤维外壳。球的质量和尺寸都要按照规定制作。

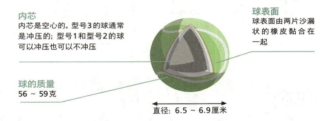

内芯
内芯是空心的。型号3的球通常是冲压的；型号1和型号2的球可以冲压也可以不冲压

球表面
球表面由两片沙漏状的橡皮黏合在一起

球的质量
56～59克

直径：6.5～6.9厘米

球拍

国际网球联合会规定了球拍的尺寸。近年来，球拍框多采用碳材料制作。碳材料的拍子可以产生更大的力量，但柔韧性不强，因此球拍上合适的网绳及松紧度对加强球的控制是非常关键的。

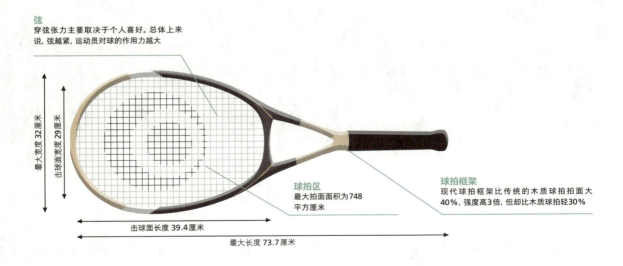

弦
穿弦张力主要取决于个人喜好。总体上来说，弦越紧，运动员对球的作用力越大

最大宽度32厘米

击球面宽度29厘米

球拍区
最大拍面面积为748平方厘米

球拍框架
现代球拍框架比传统的木质球拍拍面大40%，强度高3倍，但却比木质球拍轻30%

击球面长度39.4厘米

最大长度73.7厘米

第二节　　　　学打网球

一、握拍法

握拍的基本方法有：东方式、大陆式、半西方式、西方式和双手反手握拍法。

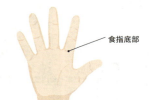

食指底部

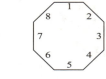

东方式正手握拍法
食指底部关节按在第3面上

东方式反手握拍法
食指底部关节按在第1面上

大陆式握拍法
食指底部关节按在第2面的上部

半西方式握拍法
食指底部关节按在第3面和第4面之间

西方式握拍法
食指底部关节按在第4面上

双手反手握拍法
以正拍是右手的运动员为例：左手为东方式正手握拍，右手为大陆式握拍

各种握拍法的特点

●东方式握拍法：无论高球还是低球，都能用正反拍技术很好地处理，而大陆式握拍法或西方式握拍法却无此优点。

●大陆式握拍法：有利于处理底线球、上网截击球和网前球，正反手击球无须改变握拍，但打高球不太方便。

●半西方式握拍法：正手半西方式握拍法能兼顾旋转、球速和落点控制的需要，对各种高度的来球都有较好的适应性。

●西方式握拍法：正反手击球都使用同一个面，正手能打出强劲的上旋球，反手多打斜线球，特别适合处理腰部以上的球，但在处理截击球和低球，特别是反手近网球时极不方便。

●双手反手握拍法：容易形成较稳定的击球结构，方便给球施加上旋，虽然不如单手反拍那样灵活多变且适合在各种高度击球，但由于动作相对简单，且对学习者力量要求较低，所以非常适合初学者使用。

二、基本技术动作

● 正手击球：网球技术中最基本的击球技术，也是初学者学习的第一种击球方法。

动作要领（以右手持拍为例）：当判断对方打来的球位于你的正手时。

①准备姿势：身体保持屈髋屈膝的姿势，双脚约为1.5倍肩宽，右手握拍柄，左手托住拍颈，拍头高于手腕低于鼻尖，上臂肘关节微屈位于躯干外前侧，保持分腿垫步动作。

②侧身转体：从准备姿势向右侧转动身体至左肩指向球网，此时左手托住拍颈和右臂一起将球拍推向头的右侧前方。

③脚步移动：在侧身转体的同时，脚步从准备姿势启动，以左脚在前、右脚在后的方式向来球方向移动。

④向后拉拍：在脚步移动的同时，完成右臂将球拍向后拉开，左臂伸展平行于球网的动作。

⑤站稳击球：在最后一步站稳的同时，降低拍头，同时躯干向前转体，身体重心由中间向前推转移，手臂驱动球拍以由后向前、由下向上的轨迹在击球点与球撞击，与此同时左臂折叠于左肩旁。

⑥推起随挥：以与站稳击球连贯的手臂动作，配合蹬地伸髋的身体动作，让手臂驱动球拍由下向上且向前将球推出，与此同时持拍手小臂内旋拉起拍头，持拍侧肩膀伴随躯干转动持续向前运动，持拍侧手臂绕过身体，将球拍停在左肩上方，后脚（右脚）随重心前移而前踩。

准备姿势　　　　　侧身转体　　　　　向后拉拍　　　　　推起随挥

练一练

①做无球挥拍练习：先原地挥拍，再移动后挥拍。

②击定点球练习：先做分解动作，再过渡到完整的击球动作。

③手抛球小范围移动击球练习：两人一组，一人抛球，另一人击球，循环击一定数量的球。

④正手一个回合练习：正手落地发球击球过网，使球落到对方面前区域内，同伴正手回球过网，发球人用球拍和左手同时将对方来球接住，完成一个回合练习。

● 双手反拍：有单手反拍和双手反拍两种技术，双手反拍由于采用双手持拍，击球稳定性好，对力量要求低，适合初学者。

动作要领：

①准备姿势：身体保持屈髋屈膝的姿势，双脚约为1.5倍肩宽，右手握拍柄，左手托住拍颈，拍头高于手腕低于鼻尖，上臂肘关节微屈位于躯干外前侧，保持分腿垫步动作。

②侧身转体：从准备姿势向左侧转动身体至右肩指向球网，左右手保持拍头向上伴随身体转动不做动作。

③脚步移动：在侧身转体的同时，脚步从准备姿势启动，以右脚在前、左脚在后的方式向来球方向移动。

④向后拉拍：在脚步移动的同时，躯干持续向后转动至右肩接近下颚，与此同时右臂在保持拍头向上的过程中微微向后发力，完成拉拍动作。

⑤站稳击球：在最后一步站稳的同时，双手手腕和手肘放松并降低拍头，同时躯干向前转体，身体重心由中间向前推转移，手臂驱动球拍以由后向前、由下向上的轨迹在击球点与球撞击。

⑥推起随挥：以与站稳击球连贯的手臂动作，配合蹬地伸髋的身体动作，让手臂驱动球拍由下向上且向前将球推出，与此同时持拍手小臂内旋拉起拍头，持拍侧肩膀伴随躯干转动持续向前运动，持拍侧手臂绕过身体，将球拍停在右肩上方，后脚（左脚）随重心前移而前踩。

准备姿势　　　　　　侧身转体　　　　　　站稳击球　　　　　　推起随挥

练一练　反手一个回合练习：正手或反手落地开球，击球过网，使球落到对方区域内，同伴反手回球过网，开球人用球拍和右手同时将来球接住，完成一个回合练习。也可以参照正手击球练习方法来进行双手反手击球练习。

● 发球：发球是网球运动中最为重要的技术，它是每一分的开始，是建立优势的机会。发球的关键在于稳定性、精确性、力量性和隐蔽性的结合。

动作要领：

①准备姿势：前脚脚尖紧靠底线但不踩线，前脚与底线呈一定角度，后脚与底线平行，双脚脚尖连线指向球网立柱，双脚间距约与肩同宽。躯干微微侧身，左肩指向球网立柱。左手持球并托住拍颈，右手大陆式握拍，双臂自然下垂。

②拉拍抛球：左手持球，伸直手臂将球抛起，球离手后手臂继续上摆至靠近左耳并保持该姿势；右臂在左手离开拍颈后，后摆屈肘将球拍举到头的后上方并保持该姿势。

③蓄力：在拉拍抛球的同时，升高左肩，向场内送髋，伸展躯干和颈部进入背弓姿势，此时重心前移双腿屈膝，并保持住拉拍抛球和蓄力的姿势等待空中的球进入击球区。

④发力击球：在球即将进入击球区时，腿蹬地发力腾空，抛球的左臂放下，身体翻转使持拍侧肩膀转向场内，同时手肘向前，拉起拍头并且内旋小臂击球。

⑤随挥减速：内旋小臂击球后，手臂以向右向下然后向左的轨迹绕过身体停在身体左侧躯干旁，此刻左腿落地并屈髋屈膝支持身体，躯干向前向下倾斜，右腿向后翘起保持平衡。

准备姿势　　　　　　　　抛球　　　　　　　　　蓄力

练一练 | ①徒手挥拍模仿发球时的技术动作。
②在发球区内不同的落点设立目标练习"打靶"，以提高命中率和准确性。
③在两侧网球柱上各竖起一根小棍，用绳子拉起，高出球网0.5米左右，练习越过较高球网的发球。

● 网前截击：来球落地前的一种空中回击技术，它是在球落地反弹前进行回球的技术，是网前得分的关键手段。

动作要领：

①准备姿势：身体保持屈髋屈膝的姿势，双脚约为1.5倍肩宽，右手握拍柄，左手托住拍颈，拍头高于手腕低于鼻尖，上臂肘关节微屈位于躯干外前侧，保持分腿垫步动作。

②侧身伸拍：正拍截击时躯干往身体右侧前方略转动，持拍手和左手分离，把球拍伸向右侧前方，拍头高于手腕，身体重心转移至右腿；反拍截击时躯干往身体左侧前方略转动，左手托住拍颈和持拍手一起把球拍伸向左侧前方，拍头高于手腕，身体重心转移至左腿。

③脚步移动：在侧身伸拍的同时，身体保持屈髋屈膝的姿势，主要以垫步、滑步或交叉步的形式将身体带到合适的击球位置。

④上步击球：正反拍击球都要利用移动的最后一步，用身体的重量去对抗高速飞来的球，手臂和球拍要形成坚强的击球结构，使身体的重量能尽可能多地传递给球。

正拍截击球　　　　　　　　　　　　反拍截击球

三、比赛基本规则

网球比赛方法

比赛一般为三盘两胜制或五盘三胜制 (女子比赛为三盘两胜制), 一方必须先赢6局且净胜两局以上才算胜一盘 (如6∶4或7∶5)。在每盘的局数为6∶6时, 进行决胜局比赛, 即平局决胜。

赛前, 选手通过投掷硬币的方式决定发球或接球的先后排序。

> **决胜局**
>
> 在决胜局中, 比分从0开始计算, 直到7分。先得7分为胜该局及该盘, 当分数为6∶6时, 一方须净胜2分。轮到发球的选手先发一球, 对手发接下来的两个球; 然后每人发两个球, 直到决出本盘胜负。

在一局比赛开始时或双方得分之和为偶数时, 发球方在右半场发球; 当得分之和为奇数时, 发球方在左半场进行发球。单打比赛每人一个发球局, 依次进行; 双打比赛发球方变化方向, 接发球人位置不变。

计分方法

每局比赛从0∶0开始, 第一分计15, 第二分计30, 第三分计40, 第四分为局点。先获得局点的一方赢得本局, 除非出现平分 (40∶40)。出现平分时, 只有连赢两球才能赢得本局。双方在每盘的奇数局后交换场地。也可以使用无占先计分法, 即平分时, 出现局点, 接发球员可以选择在哪边接发。胜1分的一方赢得本局。

失分

以下几种情况发生时, 均会被判失分: 球击中身体, 过网击球, 球员的手或身体的任何部位触网或过网, 球击中场地或场外的固定物。

自我测试

动作名称	等级	动作评价
发球	优	抛球、引拍动作协调、舒展，抛球稳定，抛球高度合适，击球节奏掌握好，随挥和跟进动作完成好，发球成功率高
	良	抛球、引拍动作较为协调，抛球稳定，抛球高度合适，击球节奏掌握较好，能完成随挥和跟进动作，发球成功率较高
	中	能做出抛球、引拍动作，能完成随挥和跟进动作，有一定的发球成功率
正手抽击球	优	对来球判断准确，移动到位，引拍动作协调，击球动作连贯，随挥动作完成好，击球动作节奏掌握得好
	良	对来球判断比较准确，移动到位，引拍动作协调，击球动作比较连贯，随挥动作完成较好，击球动作节奏掌握得较好
	中	能判断来球，移动基本到位，能完成引拍、击球和随挥动作，有一定的击球动作节奏
双手反手抽击球	优	对来球判断准确，移动到位，引拍动作协调，击球动作连贯，随挥动作完成好，击球动作节奏掌握得好
	良	对来球判断比较准确，移动到位，引拍动作协调，击球动作较为连贯，随挥动作完成较好，击球动作节奏掌握得较好
	中	能判断来球，移动基本到位，能完成引拍、击球和随挥动作，有一定的击球动作节奏

第三节　　欣赏网球比赛

一、著名网球赛事

● 四大公开赛

四大公开赛是指澳大利亚网球公开赛、温布尔登网球锦标赛、法国网球公开赛、美国网球公开赛，它们是网坛最引人注目的赛事，也被称为网球四大满贯赛事。

● 奥运会网球比赛

男女网球分别于1896年首届奥运会和1900年第2届奥运会上被列为比赛项目，后因各种原因被取消，1988年第24届奥运会上网球重新回到奥林匹克大家庭。

● ATP世界巡回赛总决赛

ATP世界巡回赛总决赛，原称网球大师杯赛，是一项网球锦标赛，在每年的年底举行，参赛者是当年男子网球ATP排名前八的选手。

● ATP世界巡回赛1000大师赛

ATP世界巡回赛1000大师赛是ATP下辖的ATP世界巡回赛的一个系列，简称"ATP

1000大师赛"或"ATP大师赛"。该系列比赛包含9个站的大师赛，分布在欧洲、北美洲和亚洲（2009年后）。这一系列比赛对顶尖的男子网球选手来说极为重要，其重要程度仅次于网球四大满贯赛事和ATP年终总决赛。

二、欣赏比赛

①从网球文化的角度来欣赏。网球运动的发展历经了几百年，一向被冠以"高雅运动"和"文明运动"的美誉，其中蕴藏着深厚的文化内涵。在比赛场上，球员们谦虚、自信、有修养的绅士风度，尊重网球场上的一切人和事，能让我们感受到文明、礼貌、高雅的文化氛围。

②从不同球员的技术风格角度来欣赏。网球的技术风格是运动员或运动队的技术系统。技术风格代表着不同的网球文化，可以说，每个地区的运动员都有该地区独特的技术风格。

③获得美的享受。欣赏网球比赛，除了欣赏运动员的技战术应用和顽强拼搏的精神外，还可以欣赏运动场上的蓝天白云、明媚阳光，观赏运动员如时装一般的运动服饰，也能获得美的享受。

尊重球场上的一切人和事

对喜欢打网球的人来说，网球场是一块充满挑战和乐趣的宝地，蓝天白云、明媚的阳光、新鲜的空气、涔涔的汗水、悦目的场地、文明的交往，网球运动为无数陌生的朋友搭起了一座座友谊的桥梁，黄色的小球则愉快地充当着交流的使者。网球场是竞技场，总会有激烈的拼搏和争斗在此上演，同时人们也可以从中感受到另外一种安详与和谐，它们源于球员与观众所具备的良好的行为素养，源于所有参与者发自心底的友善态度。"尊重网球场上的一切人和事"，这是打网球者最起码的行为准则，它包括尊重对手、观众、工作人员、服务人员，尊重球网、网柱、球拍、球等。球员品行的优劣是关系球场气氛的一个因素，也是球员个人形象的重要组成部分。如果球员行为粗鲁，不懂得尊重他人、他物，那么再高明的球技也不会带给他完美的赞誉。

测一测

一、填空题

网球运动的基本握拍方式有_____、_____、_____、_____、_____、_____。

二、简答题

最著名的网球比赛有哪些?

学习评价

经过一段时间的学习，你已取得了一定的进步，请对自己学习网球的表现、学习效果、健康行为的养成和体育精神的塑造作一个评价。

核心素养	评价内容	等级			
		优秀	良好	中等	有待提高
运动能力	基本掌握所学网球运动的技术动作				
	能运用所学的技术动作进行展示和比赛				
	了解网球运动的主要规则和相关知识，并能在比赛中运用				
	了解基本的裁判方法，并能参与裁判工作				
	掌握网球运动专项体能练习方法				
	能够制订和实施个人网球运动专长发展计划				
健康行为	能积极参加网球运动，并养成良好的锻炼习惯				
	能够在运动前进行有效热身，运动后积极放松				
	重视网球运动安全常识，能安全地进行网球运动				
	能够预防和处理网球运动中常见的运动损伤				
	能正确对待和处理比赛中的各种人际关系				
体育精神	在训练或比赛中勇于克服困难，表现出顽强拼搏、勇猛果敢等良好品格				
	在训练和比赛中能够遵守比赛规则、尊重对手、尊重裁判				
	在训练和比赛中诚实守信，具有公平竞争的意识和行为				
	在训练和比赛中能够展现出德行兼备、持之以恒、百折不挠的精神				
	在训练和比赛中表现出负责任、积极、正面、敢担当、善担当的行为				

第十章

太极拳

学习目标

● 了解太极拳的起源与发展，认识太极拳文化，热爱中国传统文化，树立文化自信。

● 基本掌握太极拳的基础知识、基本要求、动作要领，以及太极拳相关的健身方法，熟练掌握二十四式太极拳的技术动作。

● 通过习练太极拳，强身健体，体验人与自然的和谐共生、本我与自我的形神合一，树立正确的人生观和世界观。

第一节　　　　　　认识太极拳

太极拳是中国人应用太极阴阳变化之理创立的拳术，是以中国传统儒、道哲学中的太极、阴阳辨证理念为核心思想，集颐养性情、强身健体、技击对抗等多种功能于一体，结合易学的阴阳五行之变化、中医经络学、古代的导引术和吐纳术形成的一种内外兼修、柔和、缓慢、轻灵、刚柔相济的传统拳术。太极拳流派众多，群众基础广泛，各派之间既有传承关系，相互借鉴，也各有自己的特点，呈百花齐放之态，具有非常强的生命力，是一项风靡全球的体育运动。

太极拳的起源与发展

太极拳经过数代人努力而经历萌生、发展、壮大、成型。太极拳定名以来，陈长兴以后的太极拳演变线索是较清晰和公认的。

● **基本形成期**：这个时期主要指从明末清初的陈王庭至陈长兴（1771—1853），经过五代人，逐渐简化了原有套路，使之更加适宜大多数人习练；完成了陈氏太极拳的基本演变，形成了现代意义上传统太极拳的雏形。

● **流派定型期**：这个时期时间跨度较大，经历了从杨露禅学拳到孙禄堂晚年定孙氏太极拳，其间完成了现今流传的孙氏、杨氏、吴氏、武氏太极拳的形成与定型，以及陈氏太极拳的最终定型，从而最终形成并定型为目前流传较广的陈、杨、武、吴、孙氏五大流派的太极拳。此外还有其他流派的太极拳，如武当太极拳、赵堡太极拳等。

● **普及推广期**：中华人民共和国成立后，党和政府高度重视人民群众的健康问题，对太极拳的健身作用予以高度肯定，毛泽东曾号召全国人民打太极拳，邓小平也曾亲笔题词"太极拳好"。太极拳得到了普及和推广。

太极拳已经成为东方文化的一种符号，特别是在2008年北京奥运会开幕式上的太极拳表演大放异彩，吸引了全世界的目光，太极拳成为了促进东西方文化交流的重要桥梁和纽带。继承和保护太极拳，对于弘扬中国传统文化、提高人类生活质量、弘扬民族传统美德、增强社会凝聚力、构建和谐社会等都具有十分重要的意义。

太极拳的特点

太极拳属于全面性的运动，它可以锻炼身体各方面的肌肉。太极拳的动作比较柔和且相对简单，几乎所有人都可以习练。

太极拳的安全性较好，它注重的是用意不用力，可以有效避免身体受到伤害，还有用力不当造成的一些身体损伤。

在技巧上，太极拳是以静制动、以柔克刚，所以并没有太规范的打法。

习练太极拳的益处

太极拳是中等强度的有氧运动，能促进血液循环，提高习练者的心肺功能；习练时要精神专一，排除杂念，做到用意而不用力，身心放松，可以较好地调节心理状态；习练时气沉丹田，动作以腰为轴，各关节协调配合，可增强关节、骨骼、肌肉，提高人体的柔韧性、灵活性，改善消化道功能，增强抗病能力，提高身体素质。

学习太极拳还要学习太极拳拳理中所提倡的礼仪道德观与忠孝道德观，有助于培养学生注重礼节、尊师重道，从而有效地提升学生的礼仪道德、个人修养。太极拳文化思想的理论基础是中国传统文化，它蕴含了中国传统文化天人合一的整体观、形神合一的生命观、矛盾对立的统一观以及传统文化的养生观和审美观，得到了全世界的认可，是中国人的骄傲。习练太极拳就是一种文化自信的表现，也是对非物质文化遗产的一种保护和传播。

习练要求

练拳是一层功夫一层理，一层功夫一层技的过程。每个动作只有经过成千上万次重复练习，结合对太极"意"的感悟，才会有进步，这是一个长期坚持、持之以恒的习练过程。

练好太极拳的整体要求：

①心静体松。思想上排除杂念，不受干扰，有意识地让全身关节、肌肉以及内脏等达到最大限度的放松状态。

> **太极拳申遗之路**
>
> 2006年5月，太极拳被国务院列为国家级非物质文化遗产代表性项目。
>
> 2008年8月，太极拳正式申报世界人类非物质文化遗产。
>
> 2020年12月17日：中国申报的"太极拳"被列入联合国教科文组织人类非物质文化遗产代表作名录。

②连贯圆活。连贯是指前一动作的结束就是下一动作的开始，没有间断和停顿。动作以腰为枢纽，肢体连贯：下肢以腰带胯，以胯带膝，以膝带足；上肢以腰带背，以背带肩，以肩带肘，以肘带手。圆活是在连贯基础上的活顺、自然。

③虚实分明。"运动如抽丝，迈步似猫行"，下肢以支撑体重的腿为实，辅助支撑或移动换步的腿为虚；上肢以体现动作主要内容的手臂为实，辅助配合的手臂为虚。

④呼吸自然。习练太极拳时，气沉丹田，采用腹式呼吸，呼吸应自然匀细，徐徐吞吐，与动作自然配合。

各部位要求：

竖颈——自然竖直，转动灵活

含胸——疏松微含，不可外挺

松腰——向下松沉，旋转灵活

顶头——保持"虚领顶劲"，有上悬意念

坐腕——腕关节向手背、虎口一侧自然曲起

松胯——松正含缩，使劲力贯注下肢

坠肘——自然弯曲沉坠

正脊——中正竖直，保持身型端正自然

稳腿——稳健扎实，弯曲合度，转旋轻灵，松活自然

沉肩——平正松沉，不可上耸

拔背——舒展伸拔

敛臀——向内微敛，不可外突

第二节　　习练二十四式太极拳

二十四式太极拳也称简化太极拳，是国家体委（现国家体育总局）于1956年组织太极拳专家汲取杨氏太极拳之精华编制而成的。尽管只有24个动作，但其内容精练、动作规范，充分体现了太极拳的运动特点，是较为理想的太极拳入门套路。

一、基本动作

基本手型

● 拳：四指卷曲握拢，拇指扣压于食指和中指的第二关节上，拳面要平，拳不宜握得太紧。

● 掌：五指自然舒展，掌心微含，虎口呈弧形。掌宜微伸，指宜微屈，指缝稍离。

● 勾手：五指第一指关节自然捏拢，屈腕，也称吊手。

基本步型

● 弓步：两脚前后分开站立，前腿屈膝，膝尖不超过脚尖，后腿微屈前蹬，脚尖向前倾斜45°，全脚着地，两脚横向距离为10~30厘米。

● 虚步：两腿屈膝，后脚尖斜向前方，屈膝半蹲，全脚踏实，前腿微屈，脚尖或脚跟点地，两脚横向距离为5厘米左右。

● 仆步：一腿全蹲，大腿和小腿贴紧，臀部接近小腿，膝部与脚尖稍外展；另一腿自然伸直，脚尖内扣，两脚着地。

● 丁步：两腿屈膝半蹲，重心落在全脚着地的支撑腿上，另一脚前脚掌点地于支撑腿的内侧。

- 独立步：一腿自然直立，另一腿屈膝提起，大腿膝高于胯根，小腿及脚尖自然向下微内收。

- 开立步：两脚平行开立、宽不过肩，两腿直立或半屈蹲。

| 弓步 | 虚步 | 仆步 | 丁步 | 独立步 | 开立步 |

动作顺序名称以及动作习练路线

起势 → 左右野马分鬃 → 白鹤亮翅 → 左右搂膝拗步 → 手挥琵琶

┌ 单鞭 ← 右揽雀尾 ← 左揽雀尾 ← 左右倒卷肱 ←

└→ 左右云手 → 单鞭 → 高探马 → 右蹬脚 → 双峰贯耳 ┐

┌ 闪通臂 ← 海底针 ← 左右穿梭 ← 右下势独立 ← 左下势独立 ← 转身左蹬脚 ←

└→ 转身搬拦锤 → 如封似闭 → 十字手 → 收势

二、动作呈现

第一组动作

- 起势：左脚开立、两臂前举、屈膝按掌。

要点：头颈挺直，注意力集中，沉肩，坠肘，重心在两脚间。

- 左右野马分鬃：①左野马分鬃：收脚抱球、左转出步、弓步分手；②右野马分鬃：后坐翘脚、跟步抱球、右转出步、弓步分手；③左野马分鬃：后坐翘脚、跟步抱球、左转迈步、弓步分手。

要点：上体竖直，略含胸，双臂弧形，腰为轴。

- 白鹤亮翅：稍左转体、右脚跟步抱球、后坐转体、虚步分手。

要点：左按右提要协调，重心后移左膝屈。

| 起势 | 左野马分鬃 | 右野马分鬃 | 白鹤亮翅 |

第二组动作

● 左右搂膝拗步：①左搂膝拗步：转体摆臂、摆臂收脚、上步屈肘、弓步搂推；②右搂膝拗步：后坐撇脚、摆臂收脚、上步屈肘、弓步搂推；③左搂膝拗步：后坐撇脚、摆臂收脚、上步屈肘、弓步搂推。

要点：坐腕舒掌与松腰弓腿上下协调。

● 手挥琵琶：跟步展臂后坐引手、虚步合手。

要点：沉肩坠肘，重心后移。

● 左右倒卷肱：两手展开、提膝屈肘、撤步错手、后坐推掌（重复三次）。

要点：前推后撤手线，转体脚掌为轴，眼随后手再转向前。

　　左搂膝拗步　　　　　右搂膝拗步　　　　　手挥琵琶　　　　　　　　倒卷肱

第三组动作

● 左揽雀尾：转体撤手、收脚抱球、转体上步、弓步掤臂、摆臂后捋、转体搭手、弓下前挤、转腕分手、后坐引手、弓步前按。

要点：分手、松腰、弓腿需一致，两手曲线走，手腕与肩平。

● 右揽雀尾：后坐扣脚、收脚抱球、转体上步、弓步掤臂、摆臂后捋、转体搭手、弓步前挤、转腕分手、后坐引手、弓步前按。

要点：分手、松腰、弓腿需一致，两手曲线走，手腕与肩平。

右揽雀尾动作与左揽雀尾基本相同，方向相反。

左揽雀尾1　　　左揽雀尾2　　　左揽雀尾3　　　左揽雀尾4　　　左揽雀尾5　　　抱球势

第四组动作

● 单鞭：转体运臂、右脚内扣、上体右转、勾手收脚、转体上步、弓步推掌。

要点：翻掌前推随转体，眼随掌走目视前。

● 云手：后坐扣脚、转体松勾、并步云手、开步云手、并步云手、开步云手、并步云手、扣脚云手。

要点：重心水平向上走，身体转动腰为轴。

● 单鞭：转体勾手、左转上步、弓步推掌。

要点：翻掌前推随转体，眼随掌走目视前。

单鞭　　　云手1　　　云手2　　　单鞭

第五组动作

● 高探马：跟步托球、后坐卷肱、虚步推掌。

要点：跟步移换重心时，身体不要有起伏。

● 右蹬脚：收脚收手、左转出步、弓步画弧、提膝合抱、分手蹬脚。

高探马　　　右蹬脚　　　双峰贯耳　　　左蹬脚

要点：分手腕与肩齐平，蹬脚脚尖要回勾。

● 双峰贯耳：屈膝并手、上步落手、弓步贯拳。

要点：两拳松握体侧走，上臂弧形拳相对。

● 转身左蹬脚：后坐扣脚、转体分手、收脚合抱、分手蹬脚。

要点：分手腕与肩齐平，蹬脚脚尖要回勾。

第六组动作

● 左下势独立：收脚勾手、屈蹲撒步、仆步穿掌、弓腿起身、独立挑掌。

要点：右腿全蹲左腿直，重心起伏要缓慢。

● 右下势独立：落脚勾手、辗脚转体、屈蹲撒步、仆步穿掌、弓腿起身、独立挑掌。右下势独立动作与左下势独立相同，方向相反。

左下势独立1　　　左下势独立2

要点：左腿全蹲右腿直，重心起伏要缓慢。

第七组动作

● 左右穿梭：落脚抱球、转体上步、弓步架推、后坐撒脚、收脚抱球、转体上步、弓步架推。

要点：完成姿势面向斜前方，一手上举，一手前推。

● 海底针：跟步提手、虚步插掌。

要点：上体竖立，重心落在右腿上。

● 闪通臂：收脚提手、弓步推掌。

要点：松腰松胯体挺直，推掌弓腿要协调。

左穿梭　　　　　　右穿梭　　　　　　海底针　　　　　　闪通臂

第八组动作

● 转身搬拦锤：后坐扣脚、收腿握拳、摆步搬拳、上步拦掌、弓步打拳。

要点：左手侧向画弧拦，右拳松握腰际出。

● 如封似闭：穿手翻掌、后坐引手、弓步前按。

要点：重心前后移动缓，双手推掌随重心。

● 十字手：后坐扣脚、弓步分手、交叉搭手、收脚合抱。

要点：两臂环抱需圆满，沉肩坠肘头上顶。

● 收势：翻掌前撑、分手下落、收左脚还原。

要点：全身放松气下沉，收脚还原手下落。

转身搬拦锤1　　　转身搬拦锤2　　　如封似闭　　　　十字手　　　　　收势

专项体能训练
• • • • • • • • • •

①站桩：身形桩，两臂微屈慢慢于胸前相抱，手指自然展开，指尖相对，相距约20厘米，掌心向内如抱球状。一次3~5分钟，练习一次后应主动放松，然后再练第二次。

②进步：双手叉腰，按照前进步出左脚，慢慢移动重心成左弓步，左膝关节不超出左脚尖，重心回落至右腿。向外转左脚脚尖45°，慢慢移动重心至左腿，收右脚后再向前出右脚，慢慢移动重心成右弓步，右膝不超出右脚尖，重心回落至左腿，向外转右脚脚尖45°后，再移动重心至右腿，如此循环反复练习。

③转腰：双脚开立，双手叉腰，然后以腰为轴，从左向前向右再向后或反向环绕，即做腰部回旋式动作。每次不少于5次。

④耗腿：一腿直立，将另一腿抬高搁在体前肋木上（或桌子、椅背等高物体上），静置数分钟，双腿轮换。

⑤控腿：右（左）手扶持肋木（或桌、靠背椅等），侧身站立，左（右）手叉腰，左（右）腿屈膝提起，大腿提平；左（右）膝前伸使小腿伸平，脚尖绷直或上跷。控制左（右）腿在平伸的状态，直立一段时间（数分钟），轮换另一侧。

自我测试

测试内容	分值	要求	扣分项目
动作 准确度	60分	动作准确，方向准确，呼吸自然，与动作协调，重心起伏不大	①动作错误一次扣2.5分； ②动作方向、手型、步法等有错均按错误动作处理； ③动作正确但是重心不稳，起伏大（左右下势独立动作除外），每次扣0.5分； ④动作正确，但呼吸不平稳，每个动作扣1分
动作 连贯度	20分	动作连绵不断，衔接自然	动作与动作之间有明显的停顿，每次扣1分；停顿时间超过10秒，扣2分，扣完为止
完成时间	8分	在音乐伴奏下4~6分钟完成全套动作，时间不足的扣分，超时间不在此处扣分	①3分30秒~3分59秒扣2分； ②3分~3分29秒扣5分； ③3分以下扣8分
背诵动作 名称	12分	按顺序背诵动作名称	错一个扣0.5分，顺序错按照名称错处理

第三节　　欣赏太极拳

①技术动作规范：欣赏运动员每个动作中的手型、手法、步型、身型、身法、腿法、眼法动作，符合各自拳式的规范要求。每个动作下盘稳固，心静体松；虚实分明，暗含攻防；呼吸自然，形神合一。

②欣赏运动员的演练水平：欣赏运动员所表现出的劲力、协调、节奏、精神、风格，是否力点准确、连贯圆活、手眼身步配合协调，神态自然，意识集中，速度适宜，风格突出，很好地展示出各式太极拳的韵味，给人一种优美、完整、充实饱满的感觉。

做一做

把全班学生分成6个学习小组，分组开展探究性学习。

任务一：查阅资料（课前）

分组收集陈、杨、吴、武、孙氏以及其他流派太极拳传承人的精彩演绎视频，以及获得过太极拳比赛冠军的比赛视频，总结他们的风格和特点。

任务二：分组分享（课中）

以小组为单位，制作PPT，分享陈、杨、吴、武、孙氏太极拳以及其他流派的风格和特点。

任务三：分组讨论（课中）

讨论内容：

①太极拳文化与中国传统文化的结合点。

②太极拳蕴含的体育精神有哪些？

③中职生习练太极拳的意义。

④我们可以为太极拳这个非遗项目做些什么？

任务四：分享展示（课后）

学生以小组为单位，展示、分享讨论结果。

测一测

一、填空题

1.目前流传最广的太极拳五大流派有_____、_____、_____、_____、_____。

2.太极拳是以_____应用_____变化之理创立的拳术。_____被称为太极拳之乡。

二、简答题

习练太极拳的意义有哪些?

学习评价

经过一段时间的学习,你已经取得了一定的进步,请对自己学习太极拳的表现、学习效果、健康行为的养成和体育精神的塑造作一个评价。

核心素养	评价内容	等级			
		优秀	良好	中等	有待提高
运动能力	基本掌握二十四式太极拳的技术动作				
	掌握太极拳专项体能训练的方法				
	在音乐或口令指挥下,能配合呼吸进行动作演练				
	掌握太极拳动作名称、演练路线				
	了解各式太极拳的演练风格				
健康行为	积极参与习练太极拳的活动,并养成良好的锻炼习惯				
	带领家人共同习练太极拳				
	坚持练拳练功,提高对太极拳拳理的理解				
	能够在运动前自觉热身,运动后积极放松				
	能够预防打太极拳时的常见损伤				
体育精神	在习练中不断提高自己的进取精神				
	在与人相处时能以和为贵,做到相互尊重				
	待人谦虚,尊重拳友,以拳会友,以德服人				
	热爱传统文化,做非遗项目的宣传者和保护者				
	注重礼仪、尊师重道,提高个人修养				

第十一章

散打

学习目标

● 了解散打的特点，认识散打的文化价值和健身价值，会欣赏散打比赛。

● 初步掌握散打的基本技术，练习散打的基本动作组合，培养对散打的兴趣。

● 了解散打比赛规则，能组织小型散打比赛。

● 通过对散打的学习，增强体质、提升身心健康状况。培养勇敢顽强、不畏强手、尚武爱国的优良品质。

第一节　　　　认识散打

散打是指两人按照一定的规则，运用武术中的踢、打、摔和防守等技法，进行徒手格斗对抗的现代竞技体育项目，是中国武术的重要组成部分。散打受规则的限定，以不伤害对手为前提，它与实用技击有本质的区别。散打属于体育范畴，是人们锻炼身体的一种形式。

散打的特点

散打采用徒手的形式，以对手的身体为攻击目标。散打的技术方法丰富多样，包含踢、打、摔、拿的绝大多数技法，涵盖远、中、近各种距离的时空特性，在长期发展的过程中，逐渐形成远踢、近打、贴身摔的技术特点。散打的技术特点决定了其竞技的激烈性，在比赛中，运动员为了争夺哪怕1分，都要付出极其艰辛的努力。

> **散打比赛体重分级**
>
> 男子散打比赛的级别有11个：48公斤级、52公斤级、56公斤级、60公斤级、65公斤级、70公斤级、75公斤级、80公斤级、85公斤级、90公斤级、90公斤以上级。
>
> 女子散打比赛的级别有6个：48公斤级、52公斤级、56公斤级、60公斤级、65公斤级、70公斤级。

学习散打的益处

防身自卫，保障安全。散打由实用格斗技击术演变而来，它的每一个技术动作都具有极强的攻防性，可以作为防身自卫之用。

强身健体，磨炼意志。散打技术不仅包括拳法、腿法，还包括摔法，更有这些技术动作的组合，对人体的锻炼比较全面，更能磨炼人的意志。

竞技观赏，丰富生活。散打具有很高的观赏价值。在比赛中，竞技双方运动员激烈争斗所形成的动、静、迅、定的节奏，踢、打、摔、跌巧妙结合所形成的精湛攻防技巧，真真假假、虚虚实实的巧妙战术，有进有退、敢打敢拼的斗志，以及最后关头谁胜谁负的悬念，都可以给人一种美的享受和精神上的激励。

第二节　　　　学习散打

一、基本技术

实战预备姿势

实战预备姿势是指为完成进攻、防守动作所采用的最有利的姿势。因人而异，但应身体重心稳固、暴露给对方的面积较小、利于防守和起动、便于发力、利于进攻等。

实战预备姿势

　　两脚前后分开，前脚跟与后脚尖之间为一脚半距离，前脚与后脚间横向距离稍宽于肩，前脚尖略向内侧转，后脚尖朝斜前，脚跟稍离地面；两臂自然弯曲，拳眼斜朝上，左、右臂之间夹角应小于90°，左、右拳置于左右肋骨前略高于下颌部，肘部与身体相距约一拳距离；以左/右肩和左/右腹部侧向着对方，胸部略含，腹部微收，上体稍前倾，头略低，下颌微收，咬紧牙齿，闭合嘴唇，目视前方。

基本步法

　　散打步法是为保持与对手间的距离，实施进攻与防守动作，或破坏对手进攻和防守意图而采用的专门脚步移动方法。

● 滑步

　　前滑步：实战势，后脚蹬地，前脚向前移动，落地时前脚掌先落地，随之后脚前移，落地后与原基本姿势相同。后滑步反之。

　　左滑步：实战势，后脚蹬地，前脚向左平移，后脚随之向左移动，动作完成后与原实战势相同。右滑步反之。

● 垫步：实战势，前脚蹬地，后脚前移，在前脚里侧处落地的同时，前脚前移提起，落步后仍成原基本姿势。

基本拳法

● 直拳：以左直拳为例，实战势，左脚在前，右脚在后，左脚跟稍外转，重心移至左脚，上体略左转，与左脚蹬地折腰转体的发力完整一致，从而获得最大的冲力；同时，左臂顺肩伸肘，使拳面向前直线冲击，力达拳面，拳心朝下，右拳置于下颌处护住头侧，目视前方，身体重心要在冲拳的同时前移，右拳不要下垂或外张；然后左拳压肘收回，成基本姿势。右直拳反之。

● 摆拳：以左手为例，实战势，右脚蹬地，身体重心移向左脚，左脚跟略离地外转，并辗转脚掌，上体右转；同时左臂内旋，抬肘与肩平，使拳由左向右横击高与肩平，然后恢复基本姿势。右摆拳反之。

● 勾拳：以左手为例，实战势，右脚蹬地，重心移向左脚，脚跟略抬外转，脚掌碾地，上体左转略下沉后，左膝及上体瞬间挺伸并向右转体；同时，左臂外旋由下

直拳

摆拳

勾拳

向上击拳，拳面朝上，拳心朝右内，力达拳面，右拳仍置下颌前，目视左拳，然后再恢复基本姿势。右勾拳反之。

基本腿法

腿法是散打技术中最重要的技法之一，在比赛中使用率最高。腿比手长，可发挥"一寸长一寸强"的作用；腿较粗壮有力，攻之威力大，防之有效；腿的攻击面大，容易得手，攻击对方下盘比较隐蔽。腿法在散打比赛中得分最多，据统计占总得分的63.5%左右。

● 正蹬：实战势，身体重心移至后腿，后腿略屈，左腿屈膝上抬，含胸收腹，大腿贴近胸部，脚尖勾起，脚底朝前下，随即左腿由屈而伸向前上方蹬出，力达脚跟，当脚触击目标时伸胯并使脚尖猛向前下方压踩，使力达全脚掌；两拳自然下落置体前，目视前脚部，蹬腿后脚落下，还原成基本姿势。

● 侧踹：以左腿为例，实战势，重心移至右腿，膝略屈，脚尖外展，左腿屈膝上，抬膝高于腰，脚尖勾起，脚底朝外侧下，随即小腿外翻，脚底朝向攻击点挺膝踹出，力达脚底；同时右腿挺直，上体向右腿侧倾，目视脚面；然后踹出，腿下落，还原成基本姿势。右侧踹腿反之。

● 鞭腿：以左腿为例，实战势，重心移至右腿，膝略屈；左腿屈膝上抬，高过腰，上体向左腿侧转，略倾；同时膝略内收，小腿略外翻，踝部放松，随即挺膝，使小腿从外向上，向前、向内弧形弹击，脚面绷平，使力达脚面或胫骨处，目视脚部；然后侧弹腿，下落还原成基本姿势。右鞭腿反之。另外，鞭腿还有高、低之分，表明击打部位是身体的高位还是低位。

基本摔法

散打中的摔法也有一定特色。根据快摔的要求和无把的特点，把握"破坏重心"和"抢圈"的要点，创造出接招摔和夹打摔的方法，使散打的摔法快速、省力且实战性强。

● 击头抱腿摔：在对抗中，首先左脚向前滑步，同时用左直拳虚晃，右直拳重击对方脸部，对方受击必上体后仰，露出下盘空当，抓住时机，右脚向前上步至对方裆部，两手从外向内回抱对方膝窝，同时上体前倾，肩前顶，合力将对方摔倒。

● 夹颈别腿摔：在格斗中，对方以右摆拳攻击头部，应迅速左转身，右手迅速抓住对方左前臂，左臂从对方右肩穿过后屈臂夹抱对方颈部；右脚向后撤半步与左脚平行，臀部抵住对方小腹，身体立即左转，同时用左小腿横向打对方小腿外侧，将对方挑起摔倒。

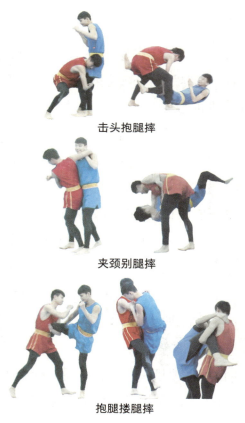

击头抱腿摔

夹颈别腿摔

抱腿搂腿摔

抱腿搂腿摔：格斗中，对方前后直拳攻击头部，应迅速下潜躲闪，然后左手抱对方右小腿，右腿抬起前伸，由前向后搂挂对方的支撑腿；同时用右肩向前顶靠对方胸部，右手抱住对方腰部顺势随左手拉右腿搂挂将其摔倒。

接腿挂腿摔：格斗中，对方用右鞭腿进攻肋部时，立即以左脚抢先进步，用左手外抄抱其右小腿；右腿抬起前伸，

接腿挂腿摔

以小腿由前向后接挂其支撑腿；同时，右手用力向前、向下推压其右肩将其摔倒。

二、动作组合

拳法组合

● 左直拳+右摆拳+左勾拳（直摆勾）：实战势，先出左直拳攻击对手面部，同时右拳置于下颌前护住头侧，接着在左直拳压肘收回至下颌前的同时，右臂抬肘内旋使出右摆拳攻击对手头部侧面；然后在右摆拳压肘收回到下颌前的同时，右脚蹬地，重心移向左脚跟，脚掌碾地，左臂随左膝及上体瞬间挺身使出左勾拳攻击对手下巴；最后恢复到实战势站立。

● 左勾拳+右勾拳+左摆拳（勾勾摆）：找准时机向前进步，接近对手，并先出左勾拳攻击对手下巴，同时右拳置于下颌前护住头侧，接着在左勾拳压肘收回至下颌前的同时，右脚蹬地，重心移向左脚跟，脚掌碾地，左臂随左膝及上体瞬间挺身，使出右勾拳攻击对手下巴；然后在右勾拳压肘收回至下颌前的同时，左臂内旋抬肘使出左摆拳攻击对手头部侧面；最后恢复至实战势站立。

腿法组合

● 左前蹬+右鞭腿：实战势，迅速先出击左蹬腿，同时右拳置下颌前护住头侧；然后腿顺势落脚置体前，右脚蹬地使身体重心移到左腿，在左腿支撑左转身的同时，右腿抬腿膝略屈使出右鞭腿；最后恢复到实战势站立。

● 左侧踹+右鞭腿：实战势，迅速先出击左侧踹，同时右拳置于下颌前护住头侧；然后腿顺势落脚置体前，右脚蹬地使身体重心移到左腿，在左腿支撑左转身的同时，右腿抬腿膝略屈使出右鞭腿；最后恢复到实战势站立。

拳腿组合

● 左直拳+右鞭腿：实战势，迅速先出击左直拳；然后后腿蹬地身体重心移到左腿，在左腿支撑左转身的同时，右腿抬腿膝略屈使出右鞭腿；最后恢复实战势站立。

● 左直拳+右摆拳+左前蹬：实战势，迅速先出击左直拳、右摆拳；然后身体重点移到右腿，右腿支撑的同时，左腿迅速提起使出蹬腿；最后回到实战势站立。

三、比赛基本规则

散打比赛的输赢有两种情况：一是优势获胜，二是分数获胜。

优势获胜

①实力悬殊时，为保护运动员，场上裁判员经裁判长同意后可宣告占优势的一方获胜。

②一方运动员受重击倒地，在10秒之内不能重新比赛，或者10秒内站起后明显丧失比赛能力，另一方运动员即取得优势胜利。

③在一场比赛中，如果一方运动员被三次强制读秒，到最后一次读秒完毕，场上裁判员即可宣布另一方获胜。

④比赛中，一方运动员出现伤病，经现场医务监督诊断为不宜继续进行比赛，场上裁判员可宣布另一方获胜。

⑤当一方犯规被取消比赛资格时，对方运动员获胜。

⑥因对方弃权获胜。

分数获胜

在非优势获胜的情况下，比赛中得分多少将决定运动员的胜负。运动员得分由两部分组成：一是技术得分，主要由3名边裁进行记录；二是当对方技术犯规或侵人犯规受罚时，自己将获得1分或2分。犯规的判罚由场上裁判员执行，记分员进行记录。

竞赛中的礼节

①介绍运动员时，运动员向观众行抱拳礼。

②每场比赛开始前，运动员相互行抱拳礼。

③宣布比赛结果时，运动员交换站位。宣布结果后，运动员先相互行抱拳礼，再向台上裁判员行抱拳礼，台上裁判员回礼；然后向对方教练员行抱拳礼，对方教练员回礼。

④裁判员换人时，互相行抱拳礼。

专项体能训练　　①力量素质训练：杠铃屈臂、卧推杠铃、负重深蹲、高翻杠铃、负重收腹、单杠引体，最大力量的负荷强度一般控制在75%~80%，重复8~12次。

②速度素质训练：打移动靶法、条件实战法、实战比赛法。

③耐力素质训练：越野跑、跳绳、间歇跑、打沙袋。

④柔韧素质训练：压肩、甩腰、压腿。

⑤灵敏素质训练：躲闪摸肩，依据实际情况开展形式多样的游戏。

自我测试

基本内容		评价	掌握情况
基本技术	实战姿势与步法	优	实战姿势好, 步法灵活
		良	实战姿势正确, 步法较灵活
		中	实战姿势正确, 步法不够灵活
	基本拳法	优	直拳、摆拳、勾拳动作准确, 姿势舒展, 击打有力
		良	直拳、摆拳、勾拳动作准确, 姿势较舒展, 击打力量稍欠
		中	直拳、摆拳、勾拳动作基本准确, 姿势较舒展, 击打力量不足
	基本腿法	优	正蹬、侧踹、鞭腿动作准确、舒展、有力
		良	正蹬、侧踹、鞭腿动作准确、有力
		中	正蹬、侧踹、鞭腿动作基本准确, 有一定力量
	基本摔法	优	熟练掌握基本摔法, 动作舒展、迅速
		良	基本掌握4种摔法中的3种, 动作舒展、迅速
		中	基本掌握4种摔法中的2种, 动作熟练
动作组合	拳法组合	优	熟练掌握直摆勾、勾勾摆拳法组合, 动作迅速, 击打有力
		良	基本掌握直摆勾、勾勾摆拳法组合, 动作较迅速, 击打有力
		中	基本掌握直摆勾、勾勾摆拳法组合, 动作较迅速, 击打力量不足
	腿法组合	优	较好掌握腿法组合, 动作流畅, 击打有力
		良	基本掌握1~2个腿法组合, 动作流畅, 击打较有力
		中	基本掌握1~2个腿法组合, 动作基本准确, 击打较有力
	拳腿组合	优	熟练掌握2种拳腿组合, 动作迅速, 击打有力
		良	基本掌握2种拳腿组合, 动作比较迅速, 击打力量稍欠
		中	基本掌握1种拳腿组合, 动作比较迅速, 击打力量稍欠

测一测

一、填空题

散打, 又称散手, 是两个人运用武术技法中的_____、_____、_____等攻防方法来徒手_____、_____对方的一种格斗项目, 是中国武术形式中的重要一类。

二、简答题

你可以自己创编一套散打的拳腿法吗? 不妨自己尝试一下吧!

学习评价

经过一段时间学习, 你已经取得了一定的进步, 请对自己学习散打的表现、学习效果、健康行为的养成和体育精神的塑造作一个评价。

核心素养	评价内容	等级			
		优秀	良好	中等	有待提高
运动能力	基本掌握所学散打动作技术				
	掌握散打专项体能练习方法				
	能够制订和实施个人散打专长发展计划				
	能够运用所学的动作技术进行展示或比赛				
	了解散打的主要规则和相关知识，并在比赛中运用				
	了解基本的裁判方法，并能参与裁判工作				
健康行为	能够积极参加散打运动，并养成良好的锻炼习惯				
	能够在运动前进行有效热身，运动后积极放松				
	重视散打安全常规，能安全地进行散打运动				
	能够预防和处理散打中常见的运动损伤				
	能够正确对待和处理比赛中的各种人际关系				
	能够较快适应各种比赛环境				
体育精神	在训练或比赛中勇于克服困难，表现出顽强拼搏、勇猛果敢等良好品格				
	在训练和比赛中能够遵守比赛规则、尊重对手、尊重裁判				
	在训练和比赛中诚实守信，具有公平竞争的意识和行为				
	在训练和比赛中能够展现出德行兼备、尚武爱国、百折不挠的精神				
	在训练和比赛中表现出负责任、敢担当、善担当的行为				

第十二章

花样跳绳·
跆拳道·
轮滑

学习目标

● 了解花样跳绳、跆拳道、轮滑运动的基础知识，认识花样跳绳、跆拳道、轮滑运动的文化价值和健身价值。

● 掌握花样跳绳、跆拳道、轮滑运动的基本技术动作，能够组织或参与一项或多项课外运动训练与比赛。

● 通过参与这些运动，增强体质、提升身心健康状况，锤炼顽强拼搏的意志，学会享受运动带来的快乐。

第一节　　　　　　花样跳绳

一、认识花样跳绳

花样跳绳是在传统跳绳运动的基础上融会舞蹈、体操、武术、杂技、音乐等多种运动、艺术形式，通过改变速度、力量和技巧，呈现出不同花样的运动。花样跳绳深受青少年学生的喜爱，已成为中小学校阳光体育运动项目。

花样跳绳的特点

花样跳绳具有简便易行、花样繁多、安全性高、娱乐性强的特点，男女老少均适宜参加。绳子价格便宜且小巧便携，可随时随地进行运动和健身。花样跳绳"摇"和"跳"的特点使其在运动形式上表现出花式多样的特点。

花样跳绳

> **跳绳的起源**
>
> 跳绳是一项广泛流传于我国民间的体育活动。据史料记载，南北朝时我国就出现了单人跳绳的游戏，明代称为"跳百索"，民国时期开始称为"跳绳"。

参加花样跳绳运动的益处

改善身体形态。花样跳绳可消耗大量的热量，消除臀部和大腿上多余的脂肪，使人形体健美。

改善身体素质。花样跳绳是一项全身性运动，不但能增强机体的有氧代谢功能，还可以使力量、速度、灵敏、耐力、平衡等各项身体素质全面提高。

有利于身心健康。花样跳绳对心脏功能有良好的促进作用，它可以让血液获得更多的氧气，使心血管系统保持健康。适度跳绳可以缓解焦虑和抑郁，改善心境，有利于心理健康。

花样跳绳可以为参与者营造相互合作、沟通、交流的氛围，促进审美意识、创新意识、竞争意识和团队协作意识的形成，增强自我控制力、约束力，以及吃苦耐劳的精神。

场地、服装和绳具

花样跳绳对场地要求不高，只要有一块能甩开绳子、地面平坦的空地，就可以跳绳，但是练习难度和强度较大时，最好选择塑胶或者木质地板等有弹性的场地。

绳具种类较多，各有特点，练习者可以根据实际情况选择。

智能跳绳

无绳跳绳

LED发光跳绳

珠节跳绳

服装要求：舒适、透气，不宜太宽松。初学者可以穿长袖、长裤，穿软底鞋或者弹性较好的运动鞋。女士练习时最好穿适合运动的内衣。

比赛项目

计数类项目：30秒单摇赛、间隔交叉单摇赛、双摇赛，3分钟单摇跳，连续三摇跳（12周岁以上），4×30秒单摇接力赛等。

花样类项目：个人花样、两人同步花样、四人同步花样、两人车轮跳花样、三人交互绳花样、四人交互绳花样。花样赛初、中、高级的比赛时间均为45~75秒，精英级的比赛时间为60~75秒。初、中级音乐固定，高级和精英级音乐自选。

另外，还有集体自编项目、规定项目、传统特色项目、跳绳强心积分挑战项目。

著名的花样跳绳比赛

● 世界跳绳锦标赛

世界跳绳锦标赛是由国际跳绳联盟组织的全世界最大的跳绳赛事，在2016年瑞典举办的第11届世界跳绳锦标赛中，中国队异军突起，共取得了五金三银一铜的好成绩。

● 中国跳绳联赛

中国跳绳联赛是目前国内最有影响力的全国性赛事。2007年在广州举办了第一届全国跳绳公开赛，随后每两年举办一届。

二、学跳花样跳绳

个人花样跳绳

跳绳者运用个人绳，按照跳绳运动的基本规律，合理运用身体姿势的变化或人绳之间的配合，做出各种各样的跳绳动作。

个人花样跳绳的基本方法

● 预备动作：并脚站立，两膝关节并拢，两脚踝稍错开；两手握绳柄，将绳置于身后，绳的中央位于脚踝处；两上臂贴紧身体两侧，前臂自然弯曲，前臂与上臂形成约120°夹角。

脚底停绳

● 基本摇绳方法：两手握绳，两臂自然屈肘，以肘关节为轴，两前臂和手腕协调用力，由后向前摇动绳子，熟练后可仅用手腕用力。

● 基本跳跃方法：双脚跳起时，一定要用前脚掌着地，压地后自然弹起，切勿用脚跟着地。

● 脚底停绳方法：跳绳动作结束后，两臂外展，绳子继续前摇至脚下，单腿前点、脚跟着地挂住绳子。

个人花样跳绳动作

基本跳

● 基本跳：握住绳子两端的绳柄，绳置于身后，由后向前摇动绳子，当绳子摇至脚前瞬间，并脚跳过绳子。

练一练

①模仿跳：原地徒手模仿整个动作过程。
②跳空绳：单手握绳，由后向前摇动，在绳子打地瞬间自然起跳。
③单个动作跳过渡到连续跳：每跳一次即停，复位后重新开始。熟练后连续练习，10~20次为一组。

● 开合跳：在基本摇绳姿势的前提下，绳子过脚的同时，两脚在空中左右分开落地，下一跳时双脚合并落地，如此开合连续交替跳动。

开合跳

● 前交叉跳：两手握住绳子两端绳柄，绳置于身后，当绳子摇至头前上方，绳子由前向后摇动时，两手交叉于腹前，双脚或单脚跳过绳子，绳子通过脚下后立即打开，做直摇动作，直摇与交叉间隔。

练一练

①徒手模拟练习：两手腕交叉后连续做模拟摇绳动作，练习手腕交叉后的控绳能力。

②直摇一次，交叉一次间隔练习：体会交叉时向下、向里画弧动作。

③固定交叉练习：体会两手腕相互依托、同时发力的感觉。

● 双脚轮换跳：在基本摇绳姿势的前提下，两脚做依次交替抬起、落地的轮换动作，即踏步跳。

双脚轮换跳

练一练

①单脚跳练习过渡到双脚轮换跳练习。

②在音乐节奏配合下双脚轮换跳练习。

③双脚轮换跳计时30秒、60秒速度练习，3分钟耐力练习。

● 双摇跳：双手摇绳，双脚同时起跳，每跳起一次，绳体跃过头顶，通过脚下绕身体两周。

双摇跳

练一练

①单、双摇交替练习：起跳后单摇一次，第二次增加起跳高度并加速手腕摇绳的速度，摇绳两周过脚，然后交替练习。

②双摇间歇练习：每组双摇3~5次，间歇练习。

胫骨骨膜炎

跳绳时前脚掌落地时小腿肌肉反复牵拉形成的局部骨膜血管扩张、充血、水肿或者骨膜下出血，即为胫骨骨膜炎。胫骨骨膜炎早期无须特殊治疗，用弹力绷带裹扎小腿，少做下肢活动的运动项目，减少运动量，注意局部休息，一般6周就可康复。但经常疼痛或运动后疼痛较重者，务必及时到医院治疗。

● 弓步跳：在保持基本摇绳姿势前提下，摇绳过脚后，两脚在空中前后分开，落地后成弓步姿势；下一次跳跃落地，可两脚并拢，也可连续左右弓步交替。

弓步跳

● 脚跟跳：在基本摇绳姿势的前提下，摇绳过脚后一脚直接落地，另一脚向前伸出，脚跟着地；再次跳跃过绳后，两脚并拢。两脚交替进行练习。

脚跟跳

● 前转后跳：从前摇绳基本跳开始，两手握住绳子两端的绳柄，绳置于身前，由前向后摇动绳子，当绳子运行至头顶时，一手从身前并向另一侧手，两手绳子在身体一侧打地，身体顺势转体180°；然后两手打开，绳子经头顶向后通过脚底，成后摇跳动作。

前转后跳

| 练一练 | 律动绳操：对学习过的动作进行组合并配合音乐节奏练习。 |

| 游戏：剪刀、石头、布 | 两人在单绳跳的过程中用脚进行"剪刀、石头、布"的游戏。两脚落地时并脚视为"石头"，左右跨立视为"布"，前后跨立视为"剪刀"。在规定时间内赢多者获胜。 |

双人花样跳绳

在跳绳运动中，两人以任何方式协同跳一根绳或多根绳子的动作，称为双人跳绳。其动作多样，极具娱乐性和互动性，特别适合跳绳爱好者练习。

● 带人跳：带人者持绳，两人协调配合，绳子同时过两人身体，即为完成一个动作，两人可面对面站立，也可同向站立。跳绳者可位于带跳者身体前方或身体后方。可同跳单摇跳或双摇跳，节奏一致，相互配合。

带人跳

| 练一练 | ①原地同时跳：两人面对面静止站立，摇绳开始同时起跳。
②跳绳中移动：在跳绳中向左右转体或自由进出绳中。 |

● 双人单绳同摇跳：两人并排站立，各握绳子一端绳柄，同时摇动，依次轮流跳绳的动作，称为同摇轮流跳；两人并排站立，各握绳子一端把柄，同时进入绳中摇动绳子，跳跃过绳，称为同摇跳。

练一练

①同摇轮流跳练习：两人面对面站立，同时摇绳，一人进绳跳3～5次后出绳，轮换练习。

②并排同摇同跳练习：两人并排站立，外侧手握绳柄，置绳于身后，同时向前摇绳，绳到脚下时同时起跳，依次同摇同跳。

③同摇跳：两人面对面站立，同时摇绳，一人进绳跳3～5次后出绳，另一人进绳跳3～5次出绳，然后两人同时进绳同摇同跳。

● 车轮同步单摇：两人并排站立，相近绳柄交叉相握，将绳置于身后；两人同时向前摇动绳子，同时跳跃过绳。跳跃一次，绳子过脚一次，重复进行。

● 两人车轮跳：两人并排站立，相近绳柄交叉相握，将绳置于身后；一绳先向前摇动，当摇至最高点时另一绳开始向前摇动，两人依次跳跃过绳，两绳始终相差180°，一上一下，一前一后，看上去像"车轮"在转动。

练一练

①抡绳动作练习：两手各拿一绳，练习原地和移动抡绳动作。

②单个动作练习：两人各跳一次或两次，重复练习。

③连贯动作练习：两人连贯车轮跳练习，每组各跳10～15次，间歇练习。

跳绳时常见损伤及处理方法

如果活动时脚踝感到疼痛但不剧烈，大多是软组织损伤，可以自愈；如果活动时脚踝感到剧烈疼痛，不能站立或者挪动，疼痛处在骨头上，受伤时有声响，迅速肿胀，这是骨折的表现，应马上到医院诊治。

在受伤早期宜冷敷，减少局部血肿，采取坐位或卧位，同时可用枕头、被褥或者衣物等把足部垫高，以利静脉回流，从而减轻肿胀和疼痛。用冰袋或者冷毛巾敷局部后可用绷带、三角巾等加压包扎踝关节周围。

受伤后切忌立即按摩、热敷，热敷需在受伤48小时后进行。

多人花样跳绳

● 集体跳长绳：由两人摇绳，多人原地站在长绳中间。开始摇绳时，先由摇绳人发出信号，当绳快转至脚下时大家一起跳过绳。

集体跳长绳

游戏：同舟共济　由多人（多于3人）同时跳长绳，每次的失败者被淘汰，重新开始，直到最后只有3人跳绳时游戏结束。

比赛：3分钟 10人长绳　3分钟内，2名运动员同步摇单长绳，其他8名运动员集体跳绳，尽可能多地完成跳绳次数。次数多的队伍获胜。

● 集体长绳"8"字跳：学生站成一路纵队，站在一摇绳人的一侧，两摇绳人向同侧方向正摇绳，当摇转的绳子着地瞬间排头者先跑入，跳起一次后从反面跑出，绕过一侧的摇绳人站在绳的同侧另一端，跑动线路呈"8"字。

集体长绳"8"字跳

"8"字跳长绳评分方法

运动员无论采用何种方式，均须依次以"8"字路线跑入绳中跳跃，再成功跃出长绳，计数1次，在3分钟内累积成功次数为最后成绩。

练一练

①进行跑"8"字路线的练习：绕"8"字路线跑动，依次跟上。
②练习跑入。
③练习跑出。

专项体能训练

①身体负重提踵练习。
②原地并脚3分钟持续跳练习。

"中华绳王"——胡安民　|　胡安民出身跳绳世家，从小在父亲的影响下学习跳绳，这一跳就是70多年。他创立了花样跳绳12大类300多种跳法，推动花样跳绳跻身陕西省省级非物质文化遗产名录。他不仅获得了"最美陕西体育人"的荣誉称号，更被外界誉为"中华绳王"。

自我测试

基本跳	连续单摇次数（无失误）			
个数	50	100	150	200
等级	合格	一般	良好	优秀
速度跳	30秒内两脚轮换跳（无失误）			
个数	60	80	90	100
等级	合格	一般	良好	优秀
双摇跳	连续双摇跳绳（无失误）			
个数	15	30	50	80
等级	合格	一般	良好	优秀
完成单人花样动作	熟练完成多个花样动作			
个数	10	13	17	20
等级	合格	一般	良好	优秀
带人跳	不限时带人跳（无失误）			
个数	50	100	150	200
等级	合格	一般	良好	优秀
车轮跳	不限时连续车轮跳			
个数	60	80	100	120
等级	合格	一般	良好	优秀

第二节　　　　　　跳拳道

一、认识跆拳道运动

跆拳道运动是在中国传统武术和日本空手道的基础上，创新和发展起来的一种主要使用手脚进行格斗或对抗的运动，具有较高的防身自卫和强健体魄的实用价值。

跆拳道运动的特点

腿法为主，拳脚并用。跆拳道技术方法中占主导地位的是腿法，进攻时主要运用腿法攻击对方，拳往往只起防守、格挡的作用。

强调气势，发声扬威。跆拳道用洪亮并带有威慑力的声音在气势上压倒对手，从而在心理上战胜对手。

以刚制刚，直来直往。不论在比赛中还是在实战中，对抗双方都是直接接触，以刚制刚，采用直线的连续进攻方式，以直接的格挡为主。

以技击格斗为核心。跆拳道不讲究花架子，要求速度快、力量大、击打效果好，以击破为测试功力的手段。

> **跆拳道运动的奥运之路**
>
> 1980年，国际奥委会正式承认世界跆拳道联盟。1988年，汉城奥运会将跆拳道列为示范比赛项目；1992年，巴塞罗那奥运会将跆拳道列为试验比赛项目；2000年，悉尼奥运会将跆拳道列为正式比赛项目。

参加跆拳道运动的益处

跆拳道运动可以提高人体各关节的灵活性及肌肉的伸展、收缩能力，提高人的力量、柔韧、灵敏、耐力素质，并对神经系统的功能有较好的促进作用。长时间练习跆拳道可以增强体质，塑造健美的身材和强健的体魄。通过不断提高技战术水平，增强反应力，使手、脚及其他关节具备超乎常人的威力，可达到防身自卫的目的。

修身养性，培养优秀的意志品质。跆拳道练习过程中讲求内外兼修，推崇"以礼始，以礼终"的尚武精神，以"礼义廉耻，忍耐克己，百折不屈"的跆拳道精神为宗旨。在这种精神的指导下，习练者可以养成顽强果敢、吃苦耐劳的好习惯，磨炼出积极向上、坚韧不拔的意志品质。

跆拳道基本礼仪

礼仪是跆拳道基本精神的具体体现，是跆拳道运动必不可少且十分重要的组成部分。跆拳道运动要求习练者在练习和比赛中严格遵守礼仪，如在练习和比赛前后都要向对方行礼。

跆拳道的行礼要求：身体面向对方，并步直立，两臂自然置于身体两侧，上体前倾15°，头部前倾45°，目视地面稍停后，还原成直立姿势，行礼完毕。

段位知识

跆拳道的腰带分为10个等级，数值越低，级数越高。

段位	腰带颜色	说明
十级	白带	代表学习者没有任何跆拳道的知识和基础
九级	白黄带	初步了解跆拳道的基本知识，并学会一些基本技术，开始从白带向黄带过渡
八级	黄带	这个阶段主要是打好基础
七级	黄绿带	黄带与绿带之间的水平，学习者的技术在慢慢往上升
六级	绿带	学习者的跆拳道技术在不断完善
五级	绿蓝带	绿带向蓝带的过渡带
四级	蓝带	跆拳道技术逐渐成熟，也代表学习者已经完全入门
三级	蓝红带	蓝带与红带之间的水平
二级	红带	已经具备相当的攻击能力，已对对手构成威胁
一级	红黑带	已经修完了从十级到一级的全部课程，开始从红带向黑带过渡
	黑带	代表学习者经过长期的艰苦磨炼，技术动作与思想修炼已经相当成熟。黑带也设有段位，如果运动员希望考取一段至三段，可以从中国跆拳道协会或中国香港跆拳道总会等国家或地区协会注册认可的团体考获；四段至六段，必须从世界跆拳道联盟或国际跆拳道联盟的晋委会考获；七段至九段，必须由世界跆拳道联盟或国际跆拳道联盟特委会进行精密而且详尽之评审后获得。数字越大，段数越高。黑带的七段至九段只有具备很高学识造诣和在跆拳道的发展上有着极大贡献的人物方可获授

二、学习跆拳道

前踢

前踢是跆拳道运动的基础动作。前踢技术在跆拳道比赛中很少使用，主要运用于搏击自卫或跆拳道基础练习中。

前踢

动作要领：以左势实战姿势开始，右脚向后蹬地后，身体重心前移至左脚；右脚蹬地时顺势屈膝提起，脚背绷直，左脚以前脚掌为轴外旋转大约90°，同时右腿迅速伸膝、送髋、顶膝，把小腿快速向前踢出，用脚背踢击目标。踢击目标后，右腿迅速放松弹回，落地呈右势实战姿势。口诀：一提二转三伸膝，四收五落六还原。

横踢

横踢是跆拳道比赛中运用得最多的腿法。据统计, 在正式比赛中, 横踢得分率占全部腿法的85%以上。横踢攻击的主要部位有头部、胸部、腹部和肋部。

横踢

动作要领: 以左势实战姿势开始, 右脚蹬地, 重心移到左脚, 右脚屈膝上提; 左脚向外旋转180°; 右脚膝关节向前抬置水平状态, 小腿快速向左前横踢出; 击打目标后迅速放松收回小腿。注意击打的力点为正脚背, 脚尖绷直。口诀: 一提二转三鞭打, 四收五落六还原。

下劈

下劈是跆拳道中最常见的一种踢法, 也是比赛中的主要得分手段之一。跟其他的技术动作相比, 下劈击打头部相对容易一些, 但需要比较好的柔韧性, 并且腰和腿的爆发力要强。

动作要领: 以左势实战姿势开始, 右腿先放松, 再从左边45°方向抬起来, 到达最高的地方, 右腿伸直, 脚后跟用力, 然后右胯带动右腿向下垂直迅速劈下。攻击完成后右脚先不要着急落地, 最后回到准备姿势。

下劈

推踢

推踢属于直线型腿法技术, 它具有动作突然、起动迅速的特点, 实战中主要用于阻截对方的进攻或与其他动作配合进攻。

动作要领: 以左势实战姿势开始, 首先右脚蹬地, 重心往前移动, 然后提膝, 用右脚脚掌向前蹬推, 发力点在脚掌, 上体略后仰, 用力推向正前方。注意: 推的时候, 腿要往前伸展, 而且要送髋; 推的路线是水平往前的。推踢的攻击目标是对手的腹部。

推踢

练一练

①提膝推踢练习：注意推踢时髋关节前送，可以对镜多次练习。

②两人一组，一人拿靶，一人击靶练习，注意发力顺序和击打力量的控制。

三、比赛基本规则

场地：跆拳道的比赛场地是一个10米×10米的垫子，运动员在垫子上进行比赛。

服装：比赛时，运动员必须穿跆拳道道服，系腰带，还要戴头盔用以保护头部，穿上护甲、护腿等护具。护甲的颜色是红色或蓝色，穿在道服外面。其他保护装备还有护裆、护臂和护腿。

比赛项目：

个人赛：在同一级别体重的运动员之间进行。有必要时，可以把相邻两个级别合并组成一个新的级别。

团体赛：①按体重级别进行5人制团体赛，男子（54公斤以下、54~63公斤、63~72公斤、72~82公斤、82公斤以上）；女子（47公斤以下、47~54公斤、54~61公斤、61~68公斤、68公斤以上）；②按体重级别进行8人制团体赛；③按体重级别进行4人制团体赛。

国际跆拳道联盟（ITF）规则如下：

对打比赛时间：每场比赛2回合，每回合2分钟，中间休息1分钟。

对打比赛方法：以自由对打为主。

对打比赛规则：允许使用拳脚进攻对手的正面和侧面有效得分部位。

对打比赛得分：五分制，击打对手的不同部位，分别获得1分、2分、3分、4分、5分。

比赛方式：有单败淘汰赛和循环赛两种。

专项体能训练

①腿部力量素质训练：正向单腿连续提膝练习、侧向提膝练习、提膝练习数次+30米冲刺跑等。

②灵敏素质训练：听口令转身30米冲刺跑、前滚翻、倒退跑、10次左右腿连击训练等。

③耐力素质训练：400米变速跑、3 000米长跑等。

自我测试

基本内容		评价	掌握情况
基本知识	实战姿势与步法	优	实战姿势好，步法灵活
		良	实战姿势正确，步法比较灵活
		中	实战姿势正确，步法较灵活，偶有出错
	跆拳道品势	优	动作准确、连贯协调、有力，表达意境较好，发声响亮，修养较好
		良	动作准确、连贯协调，比较有力，有一定的意境表达，发声响亮，修养较好
		中	动作准确、较为连贯，比较有力，缺乏意境表达，修养较好

基本内容		评价	掌握情况
基本技术	前踢	优	提膝、转髋、伸膝到位，击打准确、有力，发声响亮
		良	提膝、转髋、伸膝到位，击打较有力，发声较响亮
		中	提膝到位，转髋、伸膝稍有欠缺，击打较有力，发声较小
	横踢	优	提膝、转髋到位，鞭打有力，动作标准、优美，发声响亮
		良	提膝、转髋到位，鞭打较有力，动作正确，发声响亮
		中	提膝到位，转髋基本到位，鞭打较有力，动作正确，发声比较响亮
	下劈腿	优	动作迅速有力，髋关节上送到位，下劈控制力较好，动作舒展，发声响亮
		良	动作迅速有力，髋关节上送基本到位，下劈控制力一般，动作舒展，发声响亮
		中	动作迅速有力，髋关节上送基本到位，下劈控制力一般，动作较舒展，发声响亮
	推踢	优	提膝时大小腿夹紧，推踢髋关节前送，重心前移，动作舒展、有力，发声响亮
		良	提膝时大小腿夹紧，推踢髋关节前送，重心前移，动作舒展，力量稍欠，发声响亮
		中	提膝时大小腿夹紧，推踢髋关节前送不够，重心前移，动作比较舒展，力量稍欠，发声较响亮

第三节 　　　　　　　　　　　轮滑

一、认识轮滑运动

轮滑运动是一项融时尚、竞技、艺术、娱乐于一体，广受人们欢迎，尤其深受青少年喜爱的运动项目。轮滑运动按技术特点可分为速度轮滑、花样轮滑、单排轮滑球、自由式轮滑、轮滑高山速降、极限轮滑、滑板和休闲轮滑，其中速度轮滑、花样轮滑、单排轮滑球和自由式轮滑已在我国广泛开展，并有比较成熟的竞赛体系和规则。

● 速度轮滑：体能类竞速性运动项目，既可以在公路上，又可以在场地上进行。

● 花样轮滑：最能体现轮滑运动的艺术性和技巧性，它能有效地锻炼人体的平衡能力，增强灵敏性和协调性，达到强身健体的目的，同时也能培养人的综合艺术修养。

● 单排轮滑球：集体对抗项目，类似于冰球，需要个人技术与团队配合，突出团队精神。

● 自由式轮滑：俗称"平花"，最能体现轮滑运动的休闲性和趣味性。其入门容易，场地和器材要求简单，是目前最适合普及和推广的轮滑运动。

参加轮滑运动的益处

经常参加轮滑运动，能够改善心脑血管系统与呼吸系统的机能，加强代谢作用，增强臂、腿、腰、腹等部位的肌肉力量和关节灵活性。轮滑运动时脚底下的支撑面较窄、较高，加之滑动速度快，特别有助于提高人体的平衡能力。

轮滑运动装备

● 轮滑鞋：俗称旱冰鞋，从功能上区分，种类繁多，但单从外观来看可分为单排轮滑鞋和双排轮滑鞋。现在多数轮滑运动爱好者都用单排轮滑鞋。

● 轮滑眼镜：轮滑专用眼镜也称风镜，不仅可以防风，还可以减少阳光对眼睛的伤害。

● 轮滑护具：在轮滑运动过程中，用来保护身体的主要关节，使其免受伤害，如头盔、护膝、护腕、护掌、手套、护肘。

速滑鞋　　　　　　　　花样轮滑鞋

● 轮滑背包和腰包，还有一些辅助工具，如轮滑平花桩、夜用水晶桩、轮滑扣、收纳包、平花轮、T字扳手等。

轮滑运动的安全注意事项

轮滑运动属于极限运动，具有一定的危险性。对于初学者来说，在掌握轮滑运动技术的同时，还要了解相关的安全知识。例如：

①热身运动。进行轮滑运动前应先做热身运动，让全身主要肌肉、关节动一动。

②穿戴护具。在轮滑运动中，自身的安全是第一位的，因此一定要穿戴好必要的防护装备。

③选择安全的场地，不要在车道、斜坡、有积水或油渍的地方进行轮滑运动。

④选择专业的轮滑鞋。专业的轮滑鞋是安全进行轮滑运动的保障。

⑤选择专业的轮滑教练。专业的教练对学习、练习、提高轮滑技术水平至关重要。

⑥预防常见的损伤。轮滑运动中常见的损伤有骨折、关节脱臼、挫伤、扭伤、拉伤、擦伤，要做好充分的准备，预防损伤的发生。

二、学习轮滑

体验轮滑

● 穿轮滑鞋站立，手扶物体，做原地双脚前后交替的移轮动作。随后手臂配合腿的滑动步做协调的前后摆动动作，身体挺直，抬头，目视前方。注意：开始练习时双腿的滑动动作幅度不宜过大。

原地双脚交替移轮

● 穿好轮滑鞋自然站立，微屈体，双臂自然前伸，抬头，目视前方。借助伙伴的推动或牵拉的外力来体会滑动的感觉。注意：双小腿尽量向前倾斜，使身体重心自然地跟进，避免重心偏后导致双轮向前滚动并向前脱滑。

站立

● 不同脚位站立：V字形站立、A字形站立、剪式站立、T字形站立。

| V字形站立 | A字形站立 | 剪式站立 | T字形站立 |

● 在草地或软地面上站立：双脚呈V字形或T字形站立，双脚的轮子尽量立直站稳，双腿微微弯曲，抬头，目视前方，双臂微屈放松前伸或手扶物体维持平衡。注意：不要始终低头看脚。

● 在硬地面上站立：双腿并拢、双脚平行地坐在凳子上，上体挺直，双臂微屈放松前伸；上体随着腿部站起而稍前倾，不能弯腰，保持身体重心投影点位于双脚的中部，头抬起，目视前方。双腿也可以开立同肩宽，或采用不同的站姿（V字形、T字形）。

● 使用不同轮刃的站立：滑轮直立于地面是正轮刃支撑；双轮鞋同时向左（右）侧倾斜立于地面是对应轮刃支撑；双轮鞋均向内倾斜立于地面是内轮刃支撑；双轮鞋同时向外倾斜立于地面是外轮刃支撑。

| 正轮刃支撑 | 对应轮刃支撑 | 内轮刃支撑 | 外轮刃支撑 |

直道滑行

● 直道单腿蹬地（后）双蹲惯性滑行：左肩转向左轮（鞋）所指方向，右脚用内（轮）刃向侧后方蹬地；身体重心移到向前滑行的左腿上，右腿完成蹬地动作后迅速收回，并以膝领先与左腿并拢，两脚平行呈蹲曲姿势，借助于惯性向前滑行；接着左脚用内刃向侧后方蹬地，按上述动作要领连续做。

● 直道双腿交替蹬地，单、双腿交替滑行：身体重心移至左腿，在右腿收回过程中，左腿支撑向前滑行，当双腿并拢时变成借助于惯性的双蹲滑行；接着左腿用力蹬地，按上述动作要领继续做。

正面右腿蹬地滑行

双腿交替蹬地滑行

弯道滑行

转弯动作是在滑行中改变运动方向的有效方法，也是学习弯道滑行的基础动作。初学者可以沿着圆周的形状来进行弯道练习，这样可以起到事半功倍的效果。

● 走滑步转弯动作：双脚呈内八字（A字形），若向右转弯，则头部带领整个上体转向右侧；若向左转弯，则头部和上体都向左侧扭转，以利于完成转弯动作。

向左转弯滑行　　　　　　　　　　向右转弯滑行

● 惯性转弯动作：在向前滑进中，将双脚平行靠近，向右转时，立即将右脚前送，形成左脚在后、身体重心由适中变为跟着右脚前移并向右倾斜的体态，双脚以向右的对应轮刃支撑，借助于惯性完成向右转弯；向左转时，则前送左脚，向左倾斜完成。

惯性向左转弯　　　　　　　　　　惯性向右转弯

练一练　｜　在掌握了基本的滑行技术之后，可以尝试交叉步走、葫芦步滑法、连续蹬地动作、弯道连续交叉压步动作等。

制动技术

● 轮滑鞋制动器停止法：在慢速向前滑进中，将装有后跟制动器的脚向前移，另一脚呈后位，当抬起制动器脚的脚尖时，制动器接触地面产生摩擦，从而减速或停止。

制动器停止法

● T字形停止法：在滑进中将双臂前伸，目视前方，做双鞋轮呈T字形动作。用前脚支撑向前滑进，再拖曳后脚轮用内轮刃压磨地面达到减速或停止的目的。

T字形停止法

向前跪趴式摔倒法

当你感到要摔倒时, 要尽可能向前摔, 做到身体向前倾, 手臂放松, 迅速弯腰屈膝。在摔倒的过程中, 因为降低了身体重心, 膝盖会先接触地面。当摔倒趴地时, 应尽量使冲击力先落在膝盖上, 然后是肘上, 最后是护腕。当护腕最后接触地面时, 手指要向上伸开, 避免戳伤关节。摔倒后, 要用护膝、护肘和护腕支撑身体, 顺势向前或身体平伸于地面。此时一定要抬头, 避免面部受伤。切忌用双手直接接触地面, 以免造成手臂骨折。

向前跪趴式摔倒法

三、比赛基本规则

轮滑比赛分为场地赛和公路赛, 比赛类型有个人计时赛、分组计时赛、团体计时赛, 还有争先赛、淘汰赛、群滑赛、积分赛、积分淘汰赛、接力赛。

轮滑比赛对装备的要求:

①每只轮滑鞋最多有6个轮子, 可以是单排轮形式, 也可以是双排轮形式。轮滑鞋长不超过50厘米。轮子和轮架必须牢固安装在鞋上, 轮轴不能突出到轮子外。

②集体比赛, 运动员的头盔必须坚固, 不能有突出部分或者尾翼; 个人计时赛可以戴有尾翼的头盔。在比赛结束之前摘掉头盔的运动员将被取消比赛资格。

③禁止使用无线通信设备。

④在比赛中禁止携带可造成运动员伤害的物品。

专项体能训练

①单脚收腿屈伸跳练习, 15秒×4往返快速滑行。

②快速力量训练, 突起、急转、急停。

③左右跨步蹬地练习, 发展和提高爆发力。

④屈腿走30米, 练习腰、胯、肩、腿、腕等关节的柔韧性。

自我测试

基本内容	评价	掌握情况
直道滑行	优	很好地完成直道单腿、双腿交替蹬地滑行, 身体重心平稳, 姿势优美
	良	能完成直道单腿、双腿交替蹬地滑行, 身体重心平稳, 姿势较好
	中	能完成直道单腿、双腿交替蹬地滑行, 身体重心平稳, 偶有失误
弯道滑行	优	很好地掌握弯道滑行技术, 实现连续转弯, 身体重心平稳, 姿势优美
	良	能完成弯道滑行, 并实现连续转弯, 身体重心平稳, 姿势较好
	中	能完成弯道滑行, 身体重心平稳, 姿势较好, 偶有失误动作
制动技术	优	熟练掌握制动技术
	良	较为熟练地掌握制动技术, 偶尔摔倒但处理正确
	中	基本掌握制动技术, 偶尔摔倒但处理不够规范

测一测

一、填空题

1.跳绳在我国明代被称为_____。

2.花样跳绳运动的_____和_____特点使花样跳绳在其运动形式和内容上表现出花式多样的特点。

3.跆拳道的腿法动作有_____、_____、_____、_____、_____、_____等。

二、简答题

1.跆拳道的精神是什么?

2.参与轮滑运动的基本注意事项有哪些?

3.滑跑动作姿势的要点是什么?

学习评价

通过一段时间的学习,你已经取得了一定的进步,请对自己学习花样跳绳、跆拳道和轮滑运动中的一项或多项的表现、学习效果、健康行为的养成和体育精神塑造作一个评价。

核心素养	评价内容	等级			
		优秀	良好	中等	有待提高
运动能力	基本掌握所学(花样跳绳、跆拳道、轮滑其中一项运动)动作技术				
	基本掌握(花样跳绳、跆拳道、轮滑其中一项运动)专项体能练习方法				
	能够制订和实施个人(花样跳绳、跆拳道、轮滑其中一项运动)专长发展计划				
	能运用所学的(花样跳绳、跆拳道、轮滑其中一项运动)动作技术进行展示或比赛				
	了解运动(花样跳绳、跆拳道、轮滑其中一项运动)的主要规则和相关知识,并能在比赛中运用				
	了解基本的裁判方法,并能参与裁判工作,组织小型比赛				
健康行为	能积极参加运动(花样跳绳、跆拳道、轮滑其中一项运动),并养成良好的锻炼习惯				
	能够在运动前进行有效热身,运动后积极放松				
	重视运动安全常规,能安全地进行运动				
	能够预防和处理运动中常见的运动损伤				
	能正确对待和处理比赛中的各种人际关系				
	能较快适应各种比赛环境				
体育精神	在运动和比赛中勇于克服困难,享受运动带来的乐趣				
	在比赛中能够遵守比赛规则、尊重对手、尊重裁判				
	在比赛中诚实守信,具有公平竞争的意识和行为				
	在比赛中能够团结队友、相互支持、相互鼓励,热爱自己的团队和集体				
	在比赛中表现出负责任、敢担当、善担当的品质				

第十三章

啦啦操·
保健操

学习目标

● 了解啦啦操、保健操对身体健康的作用，能根据自己的实际情况有针对性地选择锻炼方法。

● 掌握啦啦操、保健操的基本技术动作，并初步掌握啦啦操的成套动作，能将它们用于提高身体素质和塑造完美形体的过程中。

● 参与啦啦操比赛，培养团结互助、热爱集体的优良品质。

第一节　　啦啦操

一、认识啦啦操

啦啦操，起源于1877年美国早期部落社会的一种仪式，2002年引入我国。它是在音乐伴奏下，通过集体完成特有难度、过渡配合、基本手位、舞蹈动作，体现青春活力、团队精神的一项体育运动。

啦啦操的分类及运动特点

分类		项目	特点
竞技啦啦操	技巧啦啦操	集体技巧啦啦操	以跳跃、托举、翻腾、叠罗汉、抛接和金字塔等技巧性难度动作作为主要内容，配合口号、基本手位、舞蹈动作及过渡连接，充分展示运动员高超的技能技巧和团队精神。
		双人配合啦啦操	
		五人配合啦啦操	五人技巧啦啦操比赛场地大小为12米×12米
	舞蹈啦啦操	花球舞蹈啦啦操	运用多种舞蹈元素的动作组合，结合转体、跳步、平衡与柔韧等难度动作以及舞蹈的过渡连接技巧，通过空间、方向与队形变化表现出不同的舞蹈风格特点，强调速度、力度与运动负荷，展示运动舞蹈技能以及团队风采。
		爵士舞蹈啦啦操	
		街头舞蹈啦啦操	
		自由舞蹈啦啦操	比赛场地大小为14米×14米
表演啦啦操		表演啦啦操	主要目的是表演，表演人数、方式、规模比较自由

参加啦啦操运动的益处

参加啦啦操运动有利于提高身体素质、控制体重、改善体形；有利于形成优美的体态，培养艺术气质；有利于促进个性的发展和树立自信心；有利于提高团队的凝聚力，发扬团队合作的精神。

服装鞋袜要求

技巧啦啦操：服装以弹性面料为主，样式有要求，必须着合适内衣，不可穿透明材质衣服及裤袜。服装可适当修饰，但不得出现悬垂物、水钻和亮片。比赛要求穿全白色且有牢固软胶底的运动鞋和白色运动袜。

舞蹈啦啦操：服装以弹性面料为主，款式不限，与舞蹈啦啦操成套动作风格相吻合；允许使用部分透明材质的面料，不得过于暴露，必须着合适内衣。可穿啦啦操鞋、舞蹈鞋，颜色不限，不可赤脚。

> **运动要求**
>
> 短暂加速、制动定位来体现力度感；动作完成干净利落，开始和结束清晰；重心稳定，移动平稳，身体的控制精确、位置准确。

啦啦操道具

允许使用的道具包括旗、横幅、花球、标志牌等。

花球

标志牌

二、学跳啦啦操

基本手型

并拢式　　分开式　　立掌式　　芭蕾手式　　拳式　　西班牙舞手式

基本步伐

基本步伐包括点步、并步、交叉步、V字步、吸腿跳、一字步等。

基本手位

手位多样，包括A形手位、V形手位、T形手位、L形手位、M形手位、H形手位、X形手位等，以及冲拳、加油等手位。

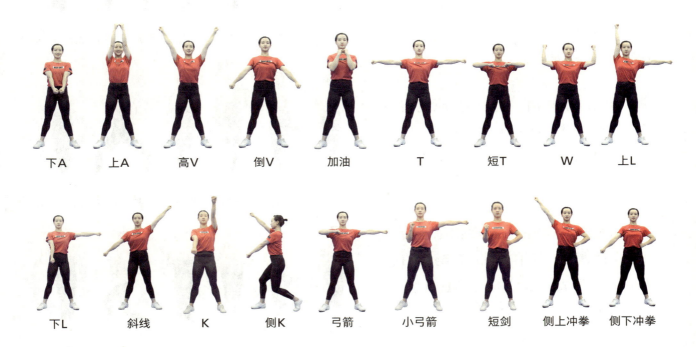

下A　　上A　　高V　　倒V　　加油　　T　　短T　　W　　上L

下L　　斜线　　K　　侧K　　弓箭　　小弓箭　　短剑　　侧上冲拳　　侧下冲拳

斜下冲拳　　斜上冲拳　　高冲拳　　R　　上M　　下M　　屈臂X　　高X　　前X

低X　　X　　上H　　小H　　下H　　屈臂H　　前H
（拳心向下）　　前H
（拳心相对）　　后M

校园花球啦啦操

这套"校园花球啦啦操"，共6个组合，其中组合1和组合2正方向每个八拍之后加反方向的动作（也就是正、反各4个八拍，共8个八拍）。搭配这套操的音乐有："校园花球啦啦操""我相信"等。

手型：握花球；面向：1点方向。

组合1

● 第1个八拍：一至四拍原地踏步，自然摆臂，四拍加油；五至六拍左侧迈步成半蹲，下M；七至八拍收左脚成并步，加油。

● 第2个八拍：一至四拍原地踏步，自然摆臂，四拍加油；五至六拍左侧迈步成半蹲，高冲拳；七至八拍收左脚成并步，加油。

● 第3个八拍：一至四拍原地踏步，自然摆臂，四拍加油；五至六拍左转上左脚成屈腿弓步，下M；七至八拍收左脚成并步，加油。

一拍　　二拍　　三拍　　四拍　　五拍和六拍　　七拍和八拍

一拍　　二拍　　三拍　　四拍　　五拍和六拍　　七拍和八拍

一拍　　二拍　　三拍　　四拍　　五拍和六拍　　七拍和八拍

● 第4个八拍：一至四拍原地踏步，自然摆臂，四拍加油；五至六拍，侧K；七至八拍收左脚成并步，加油。

一拍　二拍　三拍　四拍　五拍和六拍　七拍和八拍

组合2

● 第1个八拍：一至二拍左侧迈步成半蹲，下M；三至四拍收左脚成并步，下M；五至八拍动作同一至四拍，方向相反。

一拍　二拍　三拍和四拍　五拍　六拍　七拍和八拍

● 第2个八拍：一至二拍上左脚成屈腿弓步，下M；三至四拍收左脚成并步，下M；五至八拍动作同一至四拍，只是动作为退右脚，八拍加油。

一拍　二拍　三拍和四拍　五拍　六拍　七拍和八拍

● 第3个八拍：一至二拍左侧迈步成半蹲，上L；三至四拍收左脚成并步，加油；五至八拍动作同一至四拍，方向相反。

一拍　二拍　三拍和四拍　五拍　六拍　七拍和八拍

● 第4个八拍：一至二拍上左脚成屈腿弓步，高V；三至四拍收左脚成并步，加油；五至六拍退右脚成屈腿弓步，倒V；七至八拍收右脚成并步，下M。

一拍　二拍　三拍和四拍　五拍　六拍　七拍和八拍

组合3

● 第1个八拍：一至四拍左侧并步，下M；五至六拍左转上左脚成屈腿弓步；七至八拍收左脚右转还原成并步。

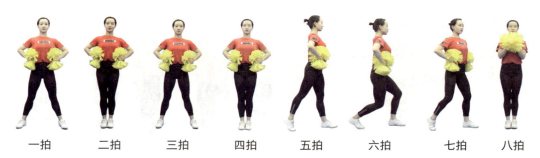

一拍　　二拍　　三拍　　四拍　　五拍　　六拍　　七拍　　八拍

● 第2个八拍：一至四拍右侧并步，下M；五至六拍右转上右脚成屈腿弓步；七至八拍收右脚左转还原成并步，加油。

一拍　　二拍　　三拍　　四拍　　五拍　　六拍　　七拍　　八拍

● 第3个八拍：一至四拍左侧并步，左上斜线；五至六拍侧K；七至八拍并步，加油。

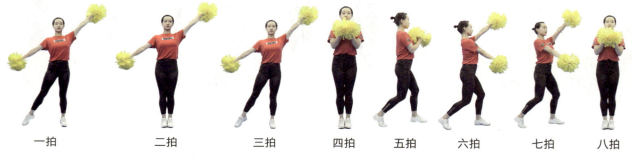

一拍　　二拍　　三拍　　四拍　　五拍　　六拍　　七拍　　八拍

● 第4个八拍：一至四拍右侧并步，右上斜线；五至六拍侧K；七至八拍并步，加油。

一拍　　二拍　　三拍　　四拍　　五拍　　六拍　　七拍　　八拍

组合4

● 第1个八拍：一至二拍屈膝含胸，双手胸前；三至四拍跳成开立，倒V；五至六拍跳成

一拍和二拍　　三拍　　四拍　　五拍和六拍　　七拍　　八拍

屈膝并步,双手胸前;七至八拍同三至四拍。

● 第2个八拍:一至二拍躯干左转,弓箭;三至四拍左臂上M,右臂侧上冲拳;五至八拍动作同一至四拍,方向相反。

● 第3、4个八拍:动作同第1、2个八拍。

一拍和二拍　　三拍和四拍　　五拍和六拍　　七拍和八拍

组合5

● 第1个八拍: 一至四拍并脚跳先右后左,右手叉腰,左手体侧左、右依次摆动;五拍左踢腿跳,下M;六拍并腿跳;七拍右踢腿跳;八拍双脚并立。

一拍　　二拍　　三拍　　四拍　　五拍　　六拍　　七拍　　八拍

● 第2个八拍:一至四拍并脚跳先左后右,左手叉腰,右手体侧右、左依次摆动;五拍右踢腿跳,下M;六拍并腿跳;七拍左踢腿跳;八拍双脚并立。

一拍　　二拍　　三拍　　四拍　　五拍　　六拍　　七拍　　八拍

第3、4个八拍同1、2个八拍。

组合6

● 第1个八拍:一至二拍跳成开立,加油;三至四拍上A;五至八拍身体左转前俯身,左臂带动右臂做风火轮。

一拍和二拍　　三拍和四拍　　五拍　　六拍　　七拍　　八拍

175

● 第2个八拍：一至二拍加油、上A，三至六拍身体右转前俯身，右臂带动左臂做风火轮；七拍加油；八拍高V。

| 一拍 | 二拍 | 三拍 | 四拍 | 五拍 | 六拍 | 七拍 | 八拍 |

自我测试

标准动作名称		动作自评
基础动作	优	动作准确、协调，各关节放松，能配合音乐节奏
	良	动作较准确、协调，各关节较放松，较能配合音乐节奏
	中	动作基本准确、协调，膝关节有弹性，基本能配合音乐节奏
成套动作	优	能配合音乐熟练掌握动作套路，姿态优美，自然协调，有美感，充满自信，有表现力
	良	能配合音乐熟练掌握动作套路，姿态较美，自然协调，有一定的美感，但力度稍差，表现力稍差
	中	能基本掌握动作套路，姿态基本正确，基本协调，动作的美感较差，力度较差，乐感较差

第二节　　　　　保健操

一、认识保健操

保健操是根据中华武术、体操、健美操、形体训练等内容编制的包括颈部、四肢、躯干、脚部锻炼方法的一系列徒手体操。

保健操的特点

保健操是一种能够强身健体的运动，老少皆宜。保健操的形式丰富新颖，能锻炼肢体动作的协调性和多变性，有益身心健康，具有广泛的群众性。

练习保健操的益处

保健操练习形式自由多样，不受场地限制，能有针对性并及时有效地缓解职业性疲劳。许多职业都有保持一定姿势长久工作的特点，如久站、久坐、久蹲、久弯，容易造成大关节的慢性劳损。在工余休息时间做有针对性的保健操，可以防微杜渐，保持健康。

　　保健操动作简单多样，大多以关节屈伸、肌肉拉伸为基本形式，按照动作规范要求练习，可以增加关节的活动幅度，是增强肌肉弹性和柔韧性的有效手段。

　　保健操是依据美与身体活动结合的要求编制的，对动作的幅度、舒展等都有美的要求，因此练习的过程也是美育过程，对举手投足间美好气质的养成具有很大的帮助。

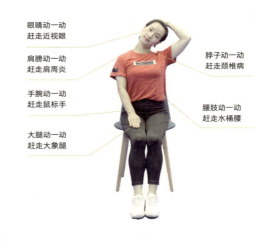

眼睛动一动　赶走近视眼
肩膀动一动　赶走肩周炎
手腕动一动　赶走鼠标手
大腿动一动　赶走大象腿
脖子动一动　赶走颈椎病
腰肢动一动　赶走水桶腰

二、学习保健操

伏案工作类保健操

　　伏案工作类人员由于长时间处于伏案状态下，或因坐姿不当容易导致各个部位肌肉紧张和疲劳，致使脊柱的关节、韧带发生劳损而产生疼痛。本套保健操共分为8个练习，每个练习8个八拍。

　　● 按揉刮擦：双手大拇指按揉太阳穴，两拍按揉一次，连做4个八拍。用双手食指内侧刮上眼眶，四拍刮一次，连做4个八拍。

　　作用：按摩穴位，减轻眼睛疲劳。

　　● 回头望月：头尽力向后仰、低头。四拍一动，交替做4个八拍。头部向左旋转，再右转。四拍一动，交替做4个八拍。

　　作用：正脊理筋，促进颈椎和肩部周围肌肉的血液循环。

　　● 坐姿伸展：两臂合十上举，坚持4个八拍。两手背后互握，仰头展肩并保持4个八拍。

颈部的伤害
背部的疼痛
小臂的血液循环减慢
受到挤压的胃部
受到压迫的大腿
受到压迫的小腿

按揉刮擦　　　　　　回头望月　　　　　　　　　　　坐姿伸展

作用：舒展上肢，改善血液循环。

● 手腕伸展：臂伸直并用另一只手用力向身体方向扳动手腕，保持1个八拍。左右手交替做4个八拍。双臂向前略抬起，手掌向下，五指尽量张开，然后握拳、放松。四拍一动，做4个八拍。

作用：增强手腕关节柔韧性，促进前臂肌群的血液循环。

● 腰背伸展：身体向右转，然后左转。各保持2个八拍。双手合十后上举，然后俯身。各保持2个八拍。

手腕伸展　　　　　　　　　　　　　　　　腰背伸展

作用：伸展脊柱，促进血液循环。

● 髋部伸展：屈髋收腿，保持1个八拍。双手支撑，顶髋立腰，停留1个八拍。交替做8个八拍。

作用：增加髋部活动力，缓解腰腹背部的肌肉紧张。

● 后伸展腿：右腿向后上方抬起，然后换左腿。每抬腿一次保持1个八拍，交替做8个八拍。

作用：拉伸腿韧带，发展臀大肌并缓解腰部肌肉疲劳。

● 蹲起拉伸：下蹲，站立还原。四拍一动，交替做8个八拍。

髋部伸展　　　　　　　　　后伸展腿　　　　　　　　蹲起拉伸

作用：缓解踝、膝、髋部的肌肉疲劳。

久站工作类保健操

久站工作类人员由于长期站立或行走，容易导致脚部、腰背部的肌肉劳损而产生疼痛。本套保健操共分为8节，每节8个八拍，成套动作注意调整呼吸。

● 懒猫起踵：双手上举，起踵，还原。四拍一动，交替做8个八拍。双手背后互握，继续起踵，还原。四拍一动，交替做4个八拍。

作用: 舒展全身, 改善循环。

● 牛面站立: 双手于背部相扣, 然后换手, 每只手各坚持4个八拍。

作用: 灵活肩关节, 纠正圆肩驼背。

● 树式站立: 站立, 左腿展髋屈膝, 使脚底贴在膝关节处; 用右腿支撑全身重量, 双手向上合十, 缓慢呼吸; 然后换腿做。各保持2个八拍, 交替做8个八拍。

作用: 纠正不良姿态, 消除腿部、腰背部的肌肉疲劳。

● 前俯后仰: 腰部弯下, 两臂在背后上方互握; 然后身体慢慢后仰, 双手叉腰。一个动作保持1个八拍, 交替做8个八拍。

作用: 拉伸腰髋部肌肉, 矫正脊柱。

懒猫起踵　　　　牛面站立　　　　树式站立　　　　前俯后仰

● 三角姿势: 上身向右侧弯曲, 右手放在右脚上做支撑, 保持4个八拍。恢复, 换另一边, 同样保持4个八拍。

作用: 拉伸腿和脊梁, 缓解腰背酸疼。

● 环膝抱踝: 双手环抱右小腿, 坚持2个八拍; 然后换腿, 保持2个八拍。右腿身后屈膝, 右手身后抱右踝关节; 然后换腿, 各保持2个八拍。

作用: 拉伸腿部肌肉, 增强下肢血液循环, 消解疲劳。

● 勾绷脚尖: 左腿支撑, 右脚绷、勾脚尖, 两拍一动, 连续做3次; 然后换左脚, 左右交替做8个八拍。

作用: 练习踝关节柔韧性, 缓解小腿肌肉疲劳。

● 跑跑跳跳: 双手自然摆臂或放于腰间, 做跑步动作, 尽量以脚后跟靠近臀部。两拍一跑, 连续做4个八拍。

作用: 促进下肢的血液循环, 消解膝、踝、髋的肌肉疲劳。

三角姿势　　　　环膝抱踝　　　　勾绷脚尖　　　　跑跑跳跳

179

自我测试

标准动作名称		动作自评
伏案类 保健操	优	姿势标准, 动作协调舒展, 能配合节奏, 锻炼部位有强烈的紧绷感, 能熟练地完成动作
	良	姿势较标准, 动作较协调舒展, 较能配合节奏, 锻炼部位有明显的紧绷感, 能较熟练地完成动作
	中	姿势基本标准, 动作基本协调舒展, 基本能配合节奏, 锻炼部位有轻微的紧绷感, 能与同伴共同完成动作
站立类 保健操	优	姿势标准, 动作协调舒展, 身体各关节放松, 肌肉有强烈的紧绷感, 能按时间规定独立完成动作
	良	姿势较标准, 动作较协调舒展, 身体各关节较放松, 肌肉有明显的紧绷感, 基本能按时间规定独立完成动作
	中	姿势基本标准, 动作基本协调舒展, 身体各关节基本放松, 肌肉有轻微紧绷感, 基本能按时间规定完成动作
自编成套 保健操	优	能独自创编一套保健操, 并自觉进行练习
	良	能与同伴共同创编一套保健操, 并自觉进行练习
	中	能在教师指导下创编一套保健操, 并进行练习

测一测

一、填空题

啦啦操的基本步伐包括: _____、_____、_____、_____、_____、_____等。

二、简答题

练习保健操有什么益处?

学习评价　经过一段时间的学习, 你已经取得了一定的进步, 请对自己学习啦啦操和保健操的表现、学习效果、健康行为的养成和体育精神的塑造作一个评价。

核心素养	评价内容	等级			
		优秀	良好	中等	有待提高
运动能力	基本掌握啦啦操的基本技术动作和校园花球啦啦操的成套动作				
	基本掌握保健操的技术动作, 能够根据自身需要进行有针对性的锻炼				
健康行为	了解啦啦操、保健操对身体健康的作用				
	能积极参加啦啦操、保健操锻炼, 并养成良好的自我保健习惯				
体育精神	在啦啦操比赛中展现出积极进取、顽强拼搏的意志品质				
	在训练和比赛中能遵守竞赛规则、服从裁判、尊重对手				
	在训练和比赛中能够团结队友、相互鼓励, 充分发扬团队协作精神				
	在训练和比赛中能够表现出负责任、敢担当、善担当的行为				

拓展模块 B

第十四章

户外运动·
游泳运动·
冰雪运动

学习目标

● 了解户外运动、游泳运动和冰雪运动的基本知识。

● 掌握一二种游泳方法，知晓简单的水上救护方法。

● 认识冰雪运动的文化价值和健身价值，初步掌握冰上运动中速度滑冰的基本技术，熟悉滑雪运动中高山滑雪的基本技术，会欣赏冰雪运动比赛。

● 通过参与这三项运动，增强体质，养成良好的锻炼习惯，磨炼意志，培养挑战精神。

第一节　　户外运动

一、认识户外运动

　　户外运动作为人文体育、绿色体育、科技体育越来越多地进入人们的生活，成为健身益智的一项重要运动。我国山高林多，山涧广布，地形地貌多种多样，这些优越的自然环境不仅是人们休闲度假的好去处，更是人们开展户外运动、探险猎奇的理想地区。

户外运动的特点

　　户外运动项目都具有不同程度的挑战性和探险性，以及结果的不可预期性，要求参与者具有良好的身体素质，吃苦耐劳的精神，克服困难的信心和勇气，以及团结协作、互相帮助的团队精神。

　　户外运动中常出现各种突发事件，因而要求参与者具有多方面的科学知识、专门技术、生活技能和解决各种突发问题的能力。

　　竞技性的户外运动，往往在条件恶劣的环境中开展，需要有专门的工具和装备。

参加户外运动的益处

　　参加户外运动可以享受城市生活中无法感受的自然环境；体验克服困难或迎接挑战时产生的兴奋感；感受因获得成就而产生的幸福感，增强自信心；培养人与自然和谐相处的意识。参加户外运动还可以开阔视野、增长知识、怡心益智。

户外运动装备

　　参加户外运动，除必备地图、指北针外，帐篷、防虫蛇药、防晒霜、速干衣裤、食物也是不可少的。

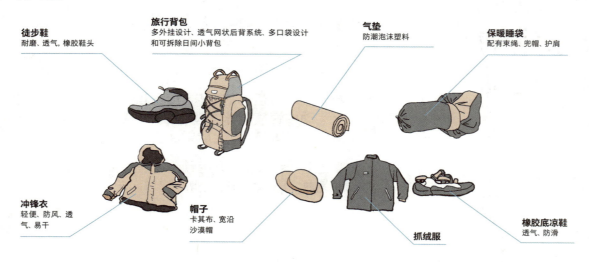

徒步鞋
耐磨、透气，橡胶鞋头

旅行背包
多外挂设计、透气网状后背系统、多口袋设计和可拆除日间小背包

气垫
防潮泡沫塑料

保暖睡袋
配有束绳、兜帽、护肩

冲锋衣
轻便、防风、透气、易干

帽子
卡其布、宽沿沙漠帽

抓绒服

橡胶底凉鞋
透气、防滑

二、户外运动安全常识

户外运动是在复杂和潜藏各种危险因素的自然环境中进行的，在这种环境下随时都有可能发生由滑坠、溺水、衰竭、中暑、脱落、瀑降、翻船、落石、山洪、失温、滑坡等引起的人体伤害事件。

户外伤害多是主观和客观两个因素叠加在一起引发的，户外运动者主观上的大意和处置不当是导致伤害发生的主要原因。提高主观思想认识，掌握防范户外伤害方法是户外运动安全管理的途径。

防范户外伤害一般从两个方面入手：一方面，组织策划方必须对活动价值和活动可能带来的伤害风险进行评估，决定是否组织本次户外运动，并做好风险防范措施；另一方面，个人安全管理也很重要，要考虑以下几点：

①具有陷入险地的抵御能力。有的灾难，如自然灾害，是无法预知的。但有两个问题一定要清楚：一是参与者是否有参加户外运动的经验；二是是否有合适的装备能够抵御天气变化等自然灾害带来的危险。

②选择恰当的组织者。有经验的山地户外运动组织者有一套安全的组织计划，他们知道团队适宜做什么，不宜做什么，可以避免因经验不足造成重大事故发生。

③具备一些生存知识和技巧。服装器材的选择及使用、识别天气、确定方位、认识地图、结绳方法等都是户外运动中应该具备的知识和技能。

④理想的领队。老练的领队在求生环境中，特别是灾难发生的最初阶段发挥着十分重要的作用。他们表现出自信和乐观，对团队具有控制力，懂得变通，有很强的沟通和理解能力。

山区行进原则

①坚持走梁不走沟，走纵不走横。山区行进尽量避开纵深的峡谷和草丛茂密的地方。如果不得不越野，则最好选择在高处行进，因为高处便于保持行进方向，并且干燥、通风，杂草、蚊虫、荆棘少，危险性低。

②注意控制节奏和速度。行进时呼吸要与步频保持协调，如果步频比呼吸快，人就会感到不舒服，易疲劳，甚至腹痛。行走的速度也要控制得当。在山区平地行走，每小时4 000米；在攀登时，每增加标高300米，需要增加1小时。例如，目标山高3 000米，则需要10小时完成，再将平地行进时间（4 000米需要1小时）加进去，则总共需要11小时。另外，在爬高海拔山峰时坚持"缓慢攀爬"的原则。

③大步走。在山区行走要尽可能用大步走，能节省很多体力。行进疲劳时，应该以慢行放松替代坐下休息。

④分配好体力。上山、下山各用三分之一体力，留下三分之一余力，防止意外发生。

⑤行进组队。行进时通常需要一定的组队方式：走在最前面的是副领队，应准确掌握路线和速度；二、三位是队里的最佳位置，应该安排给最需要照顾的队员；领队应处于能照顾全队的位置。如果人员较多，可以分成五六个人一组，分组前行。

三、户外运动技能

正确使用地图和指北针

使用地图和指北针是户外运动的必备技能。

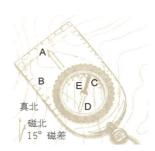

林地指北针
A.行进箭头的指向
B.底板
C.红色（磁北）指针
D.白色（磁南）指针
E.红色北方（0°）指示器

真北
磁北
15° 磁差

磁北和真北：指北针上指的方向称为磁北，根据地球不同的位置，它与地理上真正的北极（真北）有一定度数的差异，磁北和真北有的度数差会在地图上标明。图中表明磁北向东偏了15°，也就是说把地图向西（左）转动15°，指北针所指的北方才与真北一致。这样，地图上的地形就与你所看到的地形一样了。

我们用下面的图片来说明在地图上如何使用指北针。

①确定自己的准确位置，即目前的位置是X，再在地图上找到目的地Y，接下来以指北针的板侧缘连接X和Y。

②旋转指北针的刻度槽，使刻度盘上的北方标记与真北方向一致，读取行进方向箭头与刻度盘交会处的度数，这就是自己的真正方向。通过增加或减少相应的度数把数据转换成磁（指北针）方位。例如，地图方位为38°，磁差为向西偏差12°，那么就应在38°上加上12°，最后的磁方位为50°；旋转刻度盘，使其上的50°处与行进方向保持一致。

③水平地拿着指北针，使指针可以自由摆动；转动底板到指北针和刻度盘上的北方标记保持一致。这时，行进箭头所指方向就是你要前进的方向。

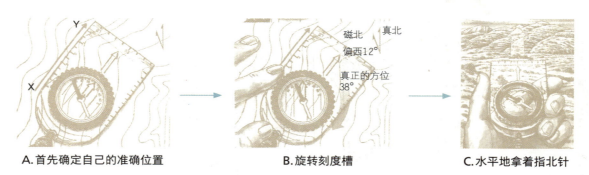

A.首先确定自己的准确位置　　　　　B.旋转刻度槽　　　　　C.水平地拿着指北针

认识等高线

地图上的一根等高线由无数个海拔相同的点连接而成，虽没有记录等高线之间的地形如何，但是当一根根等高线彼此靠近时，地势的落差就变大。也就是说，等高线越密，地势就越陡。我们可以通过等高线来了解地形情况。

凹面坡的等高线随着海拔的上升会彼此更加接近

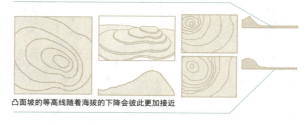

凸面坡的等高线随着海拔的下降会彼此更加接近

辨别方向的简易方法

没有GPS或指北针时，可以用以下办法找到东南西北。

● 影钟法：阳光下，在一块平地上竖起一根1米长的直树枝，用石头等标明树影顶端的位置（下图中的A点）。15分钟后，再标出树枝顶端在地面上新的投影点（下图中的B点）。连接AB，作垂线，A点为西，B点为东。

● 表迹法：手表的时针和分针也可以用来指示方向，前提是它们是确切的当地时间（未经夏时制调整，也不是统一的跨时区标准时间）。离赤道越远，这种方法就越可靠。

北半球表迹法：将表平放，时针指向太阳，时针与12点刻度之间的夹角的平分线指明南北方向。

南半球表迹法：将表平放，将12点刻度指向太阳，12点刻度与时针之间的夹角平分线指明南北方向。

影钟法

北半球表迹法

南半球表迹法

预测天气

● 观察篝火：如果烟火稳稳上升，表明天气不会有太大的变化；如果烟火闪烁不定，或升而又降，可能会有暴风雨。

● 身体变化：天气变糟时，卷发的人会觉得头发变紧，更不易梳理。如果头发变得易于缠绕，很可能等待你的是一场暴雨。患有风湿关节炎、鸡眼的人，在空气变得潮湿时身体会感到不舒服。

● 声音和气味：当空气湿度增加时，声音会传得很远，气味也更易辨别，因为饱和的湿空气犹如它们的放大器，是声音和气味传导的良好载体。

● 观察天空：落日下红色的余晖表示天空中水汽很少，在随后的一两个小时内不大可能下雨；如果早晨红了半边天，通常会有一场暴雨。

灰色的晨空意味着是干燥的一天。

灰色的夜空意味着有雨——灰尘和水汽混在一起，很快就会降雨。

早上山谷中升起薄雾，通常天空晴朗；清爽的夜空昭示着美好一天的来临。

结　绳

结绳在户外运动中有着广泛的作用，无论是搭建营地、攀爬岩壁，还是搬运货物、伤员等都需要结绳。

● 平结：用平结将两根粗细相当的绳索连在一起，能承受很大的拉力，并且容易解开。

● 反手结：将绳索打成环状，将绳的活端从后面穿过此环拉紧即可。反手结主要用于绳端打结，很少有其他用处。

● 8字结: 先将绳弯成环, 将活端放置在固定部分的后面, 然后绕过固定部分, 再将活端穿过前面的环。

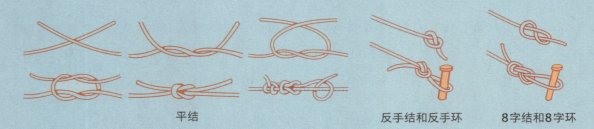

平结　　　　　　　　　　　　　　反手结和反手环　　　8字结和8字环

● 绳索连接单编结和双编结: 用来连接粗细不同或相同的两根绳。对于材料不同的绳索, 特别是潮湿或结冰的绳索, 使用此结较好。

● 单渔人结和双渔人结: 连接两根质地柔软的绳索时可用此结, 如藤蔓。

单编结　　　　　　双编结　　　　　　单渔人结　　　　　　双渔人结

第二节　　　游泳运动

一、认识游泳运动

游泳是一种克服水的阻力, 利用水的浮力, 在水中进行的一项有锻炼价值的有氧水中项目。人类的游泳是一种有意识的活动, 一直与人类的生存、生产、生活紧密联系, 是人类在同大自然斗争中为求生存而产生, 随着人类社会的发展而发展, 逐渐成为体育运动的重要项目。

游泳运动的特点

游泳时呼吸方式与陆地运动时不一样, 有其独特性。

游泳是一项全身性运动, 身体各关节和肌肉几乎都要参与, 能锻炼全身协调性。

由于水中环境的特殊性, 运动伤害程度较低。

参加游泳运动的益处

游泳是一项生存技能, 当自己或他人溺水时, 可以自救或救助他人。

游泳时，肌肉活动要消耗热量，人体必须尽快补充热量，从而促进体内新陈代谢，刺激血液中运输氧气的血红蛋白的增加，从而提高人体摄氧能力。坚持游泳，能提高呼吸系统的机能，是改善和提高肺活量的有效手段之一。游泳能提高肌肉力量、速度、耐力和关节灵活性，使身体得到协调发展，体形匀称，肌肉富有弹性。

处于长期站立、久坐工作环境下的职业人，经常伴有腰背肩颈部位的慢性病症，游泳能帮助和促进功能恢复，有效改善病痛。

游泳能疏解压力，愉悦身心，培养勇敢顽强、坚韧不拔、勇于克服困难的优良品质。

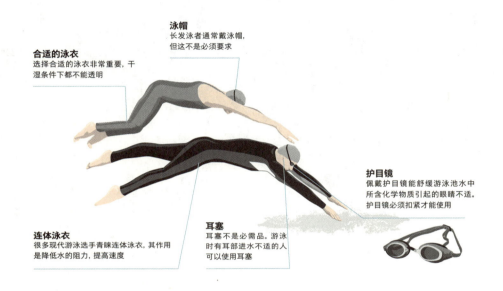

泳帽
长发泳者通常戴泳帽，但这不是必须要求

合适的泳衣
选择合适的泳衣非常重要，干湿条件下都不能透明

护目镜
佩戴护目镜能舒缓游泳池水中所含化学物质引起的眼睛不适。护目镜必须扣紧才能使用

连体泳衣
很多现代游泳选手青睐连体泳衣，其作用是降低水的阻力，提高速度

耳塞
耳塞不是必需品。游泳时有耳部进水不适的人可以使用耳塞

游泳的安全卫生常识

①树立安全第一的思想，选择安全卫生的游泳场所。到自然水域游泳时，一定要先了解水性，有无杂草、淤泥、旋涡和暗流，必须有同伴相陪，确保安全；在海边游泳时，要了解潮汐规律，切勿远离海岸。

②泳前严格体检。

③饮酒、饱食或饥饿、过度疲劳者不能游泳。

④游泳前要做好热身运动。

⑤游泳时切勿互相打闹，勿过长时间憋气潜水。遇到危险保持冷静，不要慌张，应有效自救或寻求他人帮助。

游泳池

标准比赛泳池长50米，宽21米或25米，深度应在1.8米以上，分8条泳道，每条泳道宽2.5米，由分道线隔开。

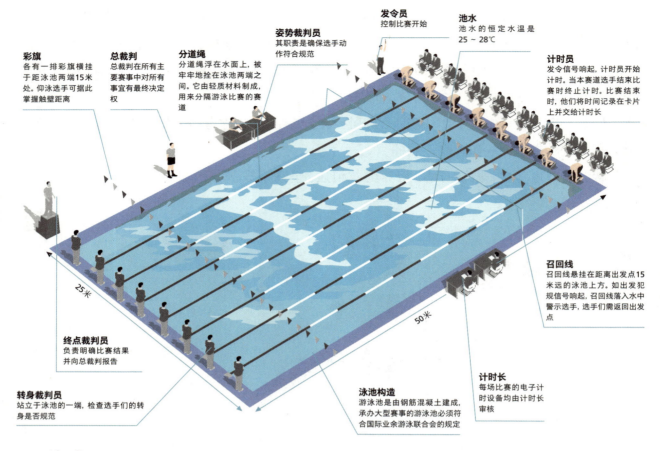

彩旗
各有一排彩旗横挂于距泳池两端15米处。仰泳选手可据此掌握触壁距离

总裁判
总裁判在所有主要赛事中对所有事宜有最终决定权

分道绳
分道绳浮在水面上，被牢牢地拴在泳池两端之间。它由轻质材料制成，用来分隔游泳比赛的赛道

姿势裁判员
其职责是确保选手动作符合规范

发令员
控制比赛开始

池水
池水的恒定水温是25～28℃

计时员
发令信号响起，计时员开始计时。当本赛道选手结束比赛时终止计时。比赛结束时，他们将时间记录在卡片上并交给计时长

召回线
召回线悬挂在距离出发点15米远的泳池上方。如出发犯规信号响起，召回线落入水中警示选手，选手们需返回出发点

终点裁判员
负责明确比赛结果并向总裁判报告

转身裁判员
站立于泳池的一端，检查选手们的转身是否规范

泳池构造
游泳池是由钢筋混凝土建成，承办大型赛事的游泳池必须符合国际业余游泳联合会的规定

计时长
每场比赛的电子计时设备均由计时长审核

25米　50米

泳式

蛙泳

　　蛙泳是一种最古老的泳姿。人体俯卧水面，两臂在胸前对称直臂侧下屈划水，两腿对称屈伸蹬夹水，似青蛙游水。

仰泳

　　仰泳是人体仰卧在水中游进的一种泳式。仰泳时，采用类似爬泳的两臂轮流向后划水的技术，然后再发展为将两腿改为上下踢水的技术。

爬泳

　　爬泳时，身体俯卧在水面，两腿上下交替打水，两臂轮流划水，动作很像爬行。在自由泳比赛中，由于爬泳速度最快，几乎所有运动员都用爬泳游进，故而爬泳也被称为"自由泳"。

向前出发
入水后，游泳者向上耸肩，肘部向外弓，手向外，使两前臂夹成30°～45°

开始划水
推水，先用掌，再向后向下画圈，然后将头部浮出水面呼吸

结束划水
面部再次入水，双臂向前平伸，屈膝、从身后向上翻脚、双脚再做圆弧形运动蹬水

向后出发
单臂从肩后上方入水，小指在先。臂部出水时需始终保持平伸

开始划水
当游泳者手部入水以后，向下朝脚的方向推水，臂部略弯，上下打动小腿

结束划水
继续推水直至肘部伸直，然后再次抬臂出水，回到手臂初始位置

  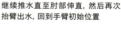

向前伸出
手于头前入水，将手尽力向前平伸

开始划水
游泳者通过屈肘、向脚部推水直到大腿根部加速

结束划水
游泳者的腿保持在水下的打水姿势。双臂交替前伸，在水中向后推水

蝶泳

蝶泳是从蛙泳技术中派生出来的，由于手臂动作的外形好像蝴蝶飞舞，故被称为蝶泳。

混合泳

混合泳接力赛中，由多人或4人组成的队参加比赛。每人至少游50米，然后由下一名队员接力。比赛的每一程按规则规定的顺序及泳式进行。

向前出发
出发后，游泳者双腿在水中使用海豚式打水

开始划水
双臂向腿部方向推水。整个划水过程中，游泳者的手在肩部前方向

结束划水
当手触大腿时，游泳者挥臂，手伸出水面，呼吸，手回到出发位置

仰泳
混合泳接力赛以仰泳开始

蛙泳
第二游程用蛙泳

蝶泳
第三游程用蝶泳

自由泳
最后游程可用其他泳式

出发

从出发台出发

游泳比赛的开始称为出发。除仰泳外，竞技比赛从出发台开始。当发令声响，选手们从出发台跃入水中开始比赛。出发台的面积通常为50厘米×50厘米，距水面50～75厘米，最大水平倾斜角度为10°（从后向前）。

从水中出发

在仰泳及混合接力项目中，游泳者在水中握住出发握杆，腿撑牢池壁。出发信号发出后，做后蹬，身体仰成弓状出发，开始比赛。

出发台跳水
出发台为防滑平台

从水中出发

转身

无论何种泳式，转身都是一项非常重要的技术，好的转身可以缩短差距，减少用时。每种泳式要求的转身技术略有不同：在蝶泳和蛙泳中，要求在转身时双手触壁；而在自由泳和仰泳中，仅用脚触壁转身即可。

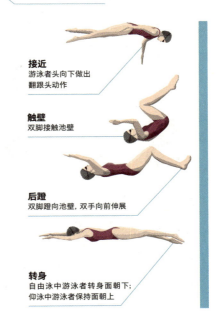

接近
游泳者头向下做出翻跟头动作

触壁
双脚接触池壁

后蹬
双脚蹬向池壁，双手向前伸展

转身
自由泳中游泳者转身面朝下；仰泳中游泳者保持面朝上

二、学习游泳

基本训练

● 熟悉水性。在浅水池中玩耍，水深齐腰（胸）即可，让水和身体充分接触。可进行扶池边行走、手拉手行走、划水行走、扶池边跳跃、徒手跳跃等各种练习。

● 学习呼吸。手扶池边，在水面上用口深吸气后下蹲并将头没入水中，用口鼻同时缓慢、均匀地呼气，呼气的后段边呼边抬头，当口将出水面时，应用力将气呼完。反复练习，直到熟练掌握。

● 学会漂浮。站在水中，深吸气后，低头含胸，双手抱膝自然漂浮于水中。熟练后，逐渐过渡到能四肢伸直漂浮于水中。

学习呼吸

学会漂浮

学习蛙泳

蛙泳的推进力主要来自腿部动作。蛙泳腿部动作四大步骤：收腿、翻脚、蹬夹、滑行。牢记口诀"慢收、快蹬、漂一会儿"。

腿部练习

● 陆上模仿练习

①跪撑翻脚压腿：两腿分开，两脚勾脚外翻，小腿和脚内侧着地，跪于地上，两手侧后撑，缓慢向下振压。

②坐撑模仿：坐于地上或池边，两手侧后撑，上体后仰，模仿蛙泳腿部动作，按照"收、翻、蹬夹、停"四步进行练习。

跪撑翻脚压腿　　　　　　　　　　　坐撑模仿

● 水中练习

①俯卧练习：俯卧在池边，下肢置于水中，两臂伸直，做蛙泳腿的模仿练习——收、翻、蹬夹、停。注意：收腿时抬头吸气，蹬腿时埋头呼气，蹬水时脚尖勾起。

俯卧练习

②扶板蹬腿：两臂前伸，两手扶板中后部，俯卧水中，做蛙泳腿动作练习。注意：蹬腿节奏（慢收、快蹬），熟练后可配合呼吸（收腿时抬头吸气，低头入水后再蹬腿滑行呼气）。

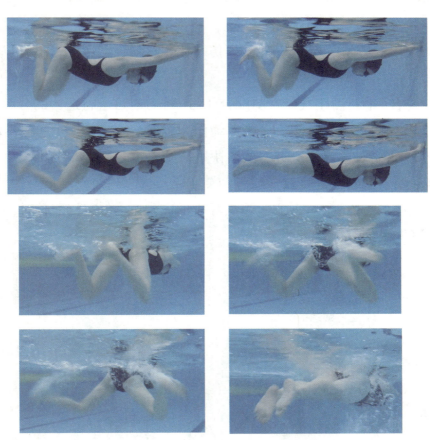

蛙泳腿的蹬腿练习

手臂练习

● 陆上模仿练习

①站立模仿：两脚开立，上体前俯，手臂向前伸直、并拢、掌心向下。先按"外划、下划、内划、伸臂"四拍做分解动作练习，再过渡至"外（划）、内（划）、伸（臂）"三拍练习，最后进行完整动作练习。

划手练习

②手臂与呼吸配合模仿：同上练习，并配合呼吸动作。

● 水中练习

①水中站立划臂：站于齐胸水中，做陆上模仿练习的动作。划水时无须用力，着重体会划水路线。要求：动作连贯不生硬，双臂并拢伸直后稍停。熟练后可配合呼吸（划水时抬头吸气，伸臂时低头呼气）。

②夹板划臂呼吸配合：俯卧水中，大腿夹浮板帮助下肢上浮，做划臂呼吸配合练习。开始练习时滑行时间应稍长，待身体稳定后再开始下一次动作。

完整配合动作练习

● 陆上模仿练习

①站姿模仿：并腿站立，两臂向上伸直并拢，一腿支撑，另一腿与臂配合，模仿蛙泳的臂腿配合动作。

②俯卧模仿：俯卧于凳子或出发台上，模仿蛙泳臂腿配合动作，并配合呼吸。

● 水中练习

①闭气臂腿配合：滑行后闭气做臂腿配合练习。练习时可进行适当的分解动作练习，即开始时做臂腿交替连贯配合动作练习。连贯动作配合时，可按"臂外划腿不动，内划再收腿，先伸臂后蹬腿，臂腿伸直漂一会儿"的口诀进行练习。

②完整配合：滑行后，做完整配合练习。练习时，可先做多次蹬腿、一次划臂、一次呼吸配合，再逐步过渡到一次臂、一次腿、一次呼吸的完整配合。完整配合时，开始滑行时间可稍长，然后再逐步减少滑行时间。

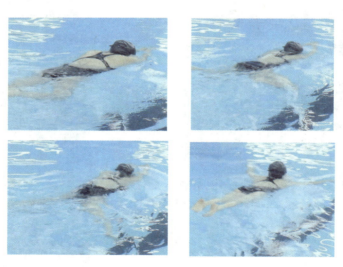

完整配合

学习自由泳

腿部练习

● 陆上模仿练习

坐撑打腿：坐于池边，上体后仰，两手后撑，两腿自然伸直，脚稍内扣，上下交替打腿。

陆上模仿练习

● 水中练习

①扶边打腿：手扶池边或撑池底，身体平卧于水中，两腿上下交替打水。要求：向下用力，向上放松，幅度不宜过大。练习时先做直腿打水，再逐步过渡到鞭状打水。

②扶板打腿：两臂伸直扶浮板，身体平卧水中，做爬泳打腿练习。

● 手臂练习

水中练习

● 陆上模仿练习

①站立模仿：两脚开立，上体前屈，模仿爬泳划臂动作。

②转头呼吸：两脚开立，上体前倾，两手扶膝，做转头呼吸模仿练习。要求：头侧转时吸气，头回正时闭气然后呼气；转头吸气要快而深；头回正后要缓慢、匀速。

③臂与呼吸配合：同练习①，同侧臂划水时呼气。推水前将气呼完，推水时转头，口转出水面时张口吸气，移臂后段至入水前闭气头回正。要求：转头吸气时眼看侧后方，不要向前上抬头。

划水练习

● 水中练习

①站立划臂：站立于浅水中，上体前俯，两臂在水中做陆上模仿①的练习。

②站立，臂与呼吸配合练习：站立于水中做陆上模仿③的练习。要求：面部必须没入水

中，转头吸气时，头部和上体不能抬离水面。

③行进划臂：在浅水中边走边做练习①的动作。要求：划水适当用力，以体会手臂划水的推进作用。

④行进，臂与呼吸配合练习：在浅水中边走边做练习②的动作。要求：划臂时按照臂与呼吸动作的配合要领配合呼吸动作。配合中不应将头抬离水面。

⑤夹板划臂：俯卧水中，大腿夹浮板浮起下肢，两臂交替划水。

⑥夹板，臂与呼吸配合：同上练习，两臂配合中加转头呼吸。练习中应特别强调推水转头后，提肘出水时吸气。

扶板打水　　　　　　　　　　　　　　单臂划水

完整配合动作练习

● 陆上模仿练习

①踏步、行进、臂腿配合：两腿开立，上体前屈，两臂交替划水，两脚原地踏步或碎步前行。

②踏步、行进、完整配合：同练习①，加转头呼吸。

● 水中练习

①臂腿配合：蹬池壁滑行，先打腿，后配合划臂。要求：划臂时两腿不停顿地打水，无须注意打腿次数。闭气进行。

②打腿、划单臂、呼吸配合：一臂扶板打腿，另一臂划水，并按臂与呼吸配合要领配合呼吸。划右臂向右转头吸气，划左臂向左转头吸气。练习时强调除转头吸气外，头必须始终埋入水中。

③完整配合：蹬池壁滑行，打腿几次后，按完整配合要领进行完整配合。先进行短距离配合练习，后根据掌握技术情况，逐渐增加距离。强调体会吸气动作。

● 水中游戏

①水底探宝游戏。

方法：在游泳池底放置若干物品（如硬币等），让练习者自行去拾起物品，比谁捡的物品多。

要求：将头部浸入水中，睁开眼睛寻找物品，并将其捡出水面。

②浅水水球比赛。

方法：站立在齐腰深的水中，双方各4～8人，设立球门，安排一名裁判。比赛开始前，双方站立在游泳池两边。当裁判员发出比赛口令后，将球抛入水中，双方从两边开始抢球，进一球得一分。

要求：带球时，球不能离手，双脚触底跑动。球不在手上时，必须采用游泳的方法移动。

自我测试

标准 动作名称		动作自评
蛙泳	优	手腿协调配合, 动作准确, 呼吸节奏连贯, 蹬水时能产生较强推进力, 滑行距离远
	良	手腿配合较协调, 动作较标准, 能在游泳过程中顺利呼吸, 蹬腿时能产生推进力
	中	手腿能配合, 能基本完成蛙泳动作
自由泳	优	手腿协调配合, 动作准确, 呼吸节奏连贯, 划水、推水时能产生较强的推进力
	良	手腿配合较协调, 动作较标准, 能在游泳过程中顺利呼吸, 划水、推水时能产生推进力
	中	手腿能配合, 能基本完成自由泳动作
仰泳	优	手腿协调配合, 动作准确, 呼吸节奏连贯, 划水、推水时能产生较强的推进力
	良	手腿配合较协调, 动作较标准, 能在游泳过程中顺利呼吸, 划水、推水时能产生推进力
	中	手腿能配合, 能基本完成仰泳动作

第三节　　　　冰雪运动

一、认识冰雪运动

滑冰与滑雪都是近年来蓬勃开展的体育项目。滑冰由简单的滑行逐渐向速度滑冰、花样滑冰以及竞技性很强的冰球运动发展。滑雪同样经历了由骑木滑行逐渐向高山滑雪、单板滑雪、越野滑雪、自由式滑雪发展的过程。

冰雪运动能充分挖掘人的潜能, 挑战自我极限, 越来越多的人喜欢采用滑冰、滑雪、冰球等方式, 体会在户外运动的乐趣和刺激。

近年来, 我国冰雪运动的水平得到了很大提高, 2022年还举办了北京冬奥会。"带动三亿人参与冰雪运动"是习近平总书记对开展群众性冰雪运动的谆谆嘱托, 也是我国冰雪运动发展的重要目标。

冰雪运动的特点

冰雪运动是一项全身运动, 它给练习者带来速度与激情的享受和刺激, 也能锻炼练习者身体的平衡力、柔韧性和协调能力。冰雪运动的实质就是掌握平衡的过程, 它要求在重心的不断切换中找到平衡点。

运动员在洁白的冰面上滑行、旋转、跳跃、舒展, 演绎出一个个动人的故事, 表现出了力量、速度和难度, 又优美抒情。

冰球运动的高速度、激烈的对抗和冲撞、快速的攻防转换是其他运动项目所不具备的。

> **滑雪运动的起源**
>
> 冰雪运动是一项比较古老的运动，人类的冰上活动最早可以追溯到远古新石器时代。我国新疆考古工作者于2005年在阿尔泰市一个古岩棚内，发现了一组抽象的人体滑雪岩画，这是迄今为止世界上最早的滑雪运动起源的史证。1924年，滑雪运动被列入冬季奥运会的正式比赛项目；1924年2月2日国际滑雪联合会（FIS）成立，并决定从1925年开始，定期举办世界锦标赛；1948年以后改为每两年举行一次。

参加冰雪运动的益处

经常参加冰雪运动，能提高人体的平衡能力，对青少年身体的生长发育有着重要的作用。

冰雪运动能够改善人体的体温调节功能，提高对寒冷的适应能力和对疾病的抵抗能力，可使心理失衡得到调整。

有的人到了冬季，就会出现忧郁、沮丧、易疲劳、注意力分散、工作效率下降等症状，该症状在临床上被称为"冬季抑郁症"。改变这种症状最有效的方法就是参加适宜的户外运动，而冰雪运动是一项不错的选择。

二、学习滑冰

滑冰是人们借助冰刀或其他器材在冰面上进行的一种运动，主要包括速度滑冰、花样滑冰、冰球、冰壶等。通常，人们所提及的滑冰是指速度滑冰、短道速度滑冰和花样滑冰。

基本滑冰动作

冰上站立与行走

● 站立：两脚成外"八"字站立，不能向外倾斜或歪倒，稍屈膝，含胸微收腹，两臂自然下垂，上体放松，重心在前脚掌上，踝关节要有意控制。

● 行走：在站立基础上，身体重心随着左右脚向前移动。冰上行走的支撑点在全脚掌，蹬地前进时大腿向前迈出，两臂前后自然摆动，两眼注视前方。

蹬冰及冰上滑行

● 蹬冰：蹬冰动作可为人体在冰上前进提供动力，当惯性滑行将近结束，冰刀在体侧找到有力支点的时候，即进入蹬冰阶段。这时的蹬冰脚正刃转为内刃滑进，重心集中于蹬冰脚上，向侧方有力地伸展髋关节、膝关节，最后快速伸展踝关节。

● 单脚蹬冰双脚滑行：上体前倾，两臂自然下垂，两脚稍分开，用正刃支撑，成外"八"字站立。右脚用内刃蹬冰，将重心推送到向前滑进的左腿上，右脚蹬冰后迅速与左脚并拢成两脚正刃滑进。当速度下降时，用左脚内刃蹬冰，将重心推送到向前滑进的右腿上，左脚蹬冰后迅速与右脚并拢成两脚正刃滑行。

● 单脚蹬冰单脚滑行：上体前倾，两臂自然下垂，两脚略分开，用正刃支撑，成外"八"字站立，用右脚内刃蹬冰，左脚用正刃向前滑出。伴随蹬冰动作的结束将重心送到左腿，左腿半蹲支撑惯性滑行，持续向前收右腿。滑行将近结束时右脚落冰、左脚蹬冰，伴随左腿蹬冰动作的结束将重心送到成半蹲支撑惯性滑行的右腿上。

练一练　①原地踏步练习：在原地微屈膝站立的基础上，原地踏步速度由慢到快，幅度由小到大。
②身体重心起伏练习：原地微屈膝站立，做下蹲和起立练习。
③身体重心左右脚移动练习：在原地微屈膝站立的基础上，做身体重心向左、右脚移动的练习。
④向前外"八"字行走练习：在原地练习的基础上，用冰刀内刃行走。

速度滑冰

速度滑冰是以冰刀为工具在冰上进行规定距离内以竞速为目的的滑冰比赛，是冰上运动项目之一。速度滑冰由男子500米、1 000米、1 500米、5 000米、10 000米、全能、短距离全能、团体，以及女子500米、1 000米、1 500米、3 000米、5 000米、全能、短距离全能、团体共16个项目组成。

速度滑冰的基本技术

● 滑跑姿势：滑跑中上体前倾，膝部弯曲成半蹲姿势，以便于蹬冰，减少空气阻力。滑跑姿势有高姿和低姿两种。身体前倾的角度要根据滑跑的距离来确定，短距离滑跑上体前倾的程度要小些，长距离滑跑上体前倾程度要大些，肩部略高于臀部。一般滑跑姿势为上体前倾约60°，背部自然放松，小腿夹角100°～110°，头部自然抬起，两眼注视前方5～10米的冰面。

练一练　①单脚蹬冰，双脚滑行。
②单脚蹬冰，单脚滑行或单脚长距离滑行。

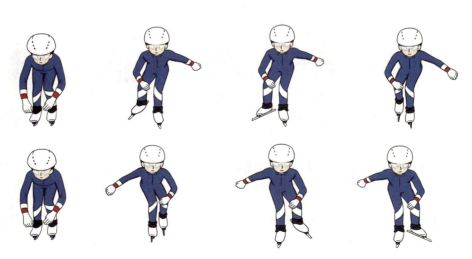

● 冰上直道滑行：蹬冰脚用冰刀内刃扣住冰面，再伸展膝关节向后外侧用力压冰、蹬冰，支撑腿用正刃支撑滑行。蹬冰脚完成蹬冰后，迅速用最短的路线收放于支撑腿一侧转为支撑滑行，而另一脚由支撑滑行转为蹬冰。

● 冰上弯道滑行：如向左弯道滑行，全身一致向左倾斜，身体重心投影点在左脚外侧，始终保持左脚外刃、右脚内刃支撑和蹬冰以及右脚向左交叉压步滑行。弯道滑行的身体重心总是沿着圆的轨道行进。

练一练

①顺势转弯：利用直道滑行速度，重心移至左脚，右脚用内刃支撑滑行。

②左脚支撑右脚蹬冰转弯：左脚外刃支撑滑行，右脚内刃连续向右侧蹬冰转弯。

③右脚支撑左脚抬起转弯：右脚用内刃支撑滑行，左脚抬起放下。

④右脚支撑左脚蹬冰转弯：右脚内刃支撑滑行，左脚外刃蹬冰。

⑤左右脚交叉向前左转弯：左右脚交叉向前左转弯，自然滑出曲线圆弧。

● 冰上停止法

内"八"字停止法（犁状停止法）：滑行中重心后压，做后坐动作，两膝内扣，刀尖向内，跟向外分开，用两刀刀跟内刃擦冰停止。

刀跟停止法（刀尾停止法）：身体重心降低后移向一侧转动，两膝并拢，用一脚跟向前擦压冰面以停止。

急停法：两腿并拢，两刀平行向左或右转体90°，屈膝使重心下降。左转时用右脚内刃，左脚外刃压住冰面减速急停；右转时动作相反。

练一练 | ①两腿微屈、两膝内扣, 身体重心向后坐同时两刀跟外展, 用冰刀内刃刮冰以停止。
②单脚支撑滑行, 另一侧脚内刃后部与前进反方向压冰, 左右脚交替。

三、学习滑雪

现代滑雪运动依滑行条件和参与目的可分为娱乐健身滑雪、实用滑雪、探险滑雪及竞技滑雪几类。娱乐健身滑雪是适应现代人文化生活的需求而逐渐发展起来的大众滑雪；实用滑雪是用于林业、边防、狩猎、交通等领域作业的滑雪；探险滑雪是为了一种特殊的目的而进行的滑雪；竞技滑雪则是将滑雪升华为在特定的环境条件下, 运用比赛的功能, 达到竞赛目的的滑雪。

现代竞技滑雪类项目包括：高山滑雪(回转、大回转、超级大回转、滑降、高山两项)；北欧滑雪(越野滑雪、跳台滑雪、现代冬季两项、北欧两项)；自由式滑雪(空中技巧、雪上特技)；单板滑雪(U型场地单板雪上技巧、双人平行大回转)。现代竞技滑雪类项目始终在不断地增加和变换中, 一直沿着提高速度、难度、远度、高度、表演技巧和不断创新的方向发展。

娱乐滑雪出于休闲娱乐、强身健体目的, 受制约因素少, 男女老幼均可以在雪场上轻松、愉快地滑行, 享受滑雪运动的乐趣。高山滑雪具有惊险、优美、自如、动感强、魅力大、可参与面广的特点, 被人们视为滑雪运动的精华和象征, 也是娱乐滑雪的首选项目。近年来, 由于室内外人工冰雪场的出现, 冰雪运动可以一年四季进行, 深受人们青睐。

滑雪前的热身运动

滑雪是在寒冷的环境下进行的, 热身运动的时间应该长一些, 可做一些专门性准备活动, 充分地把身体活动开。热身运动的主要部位是膝关节、肩关节、腕关节和手指各关节的旋转及大、小腿肌肉的拉伸, 以身体感到微微发热和出汗为度。

滑雪运动注意事项

①熟悉雪场标识。滑雪场的雪道标识是对每位滑雪者的提示与告诫, 应充分了解, 不可忽视。

②根据自己的水平选择合适的滑雪道。

③使用保护功能强的面部用品, 减少寒风对面部皮肤的刺激。

④佩戴有色眼镜, 防止雪盲。

⑤滑行中如果不慎跌倒, 要避免头朝下, 避免翻滚。

⑥结伴滑行时, 相互间要保持合理距离, 避免摔倒或与他人相撞。

滑雪的基本技术

平地行走与蹬坡

● 平地行走：包括前后方向行走、横行、原地行走转圈。注意：前后行走时, 保持双板平行，步幅要小；横向行走是为上坡打基础，步幅要小，保持双板平行；原地转圈360°时，每一步的角度不要大，不要紧张挣扎，以免失去平衡。

● 蹬坡：主要有横蹬坡、斜线蹬坡和八字蹬坡。横蹬坡动作如同侧身上楼；斜线蹬坡即山上板提台后向斜上方迈移，而不是纯横向，山下板蹬伸后提起向山上板跟并，身体要跟上山上板的移动距离与速度；八字蹬坡是面对滚落线，两只滑雪板呈倒八字、立内刃状态，直线向山上蹬坡。

正确的摔倒与起身

①正确的摔倒：往左后或右后方坐下，双手摆放于身体两侧。臀部着地后，雪板的钢边也会刮到雪地，造成阻力，阻止雪板滑动。

②正确的起身：臀部在上方，雪板在下方，雪板靠拢合并与斜坡成90°，身体面向前方，将雪杖置于后方，以雪杖撑起。

直线滑降

直线滑降是将两只滑雪板保持平衡，向坡下直线滑行。动作要领：身体放松站立，两脚平行即双雪板平行，两腿微屈，压靠滑雪鞋，两手位于体侧，滑雪杖插入雪地，两眼平视前方。靠滑雪杖的支撑逐渐前移，直到最后进入雪道，滑雪板平行于滚落线向下滑行。此时身体的重心应该落于两脚之间。

犁式制动与犁式滑降

● 犁式制动：有些高级滑雪者甚至在天气恶劣时和狭窄的雪道上也采用这种技术。动作要领：上体放松，手握雪杖，头在身前髋部的高度，雪杖垂在身后，身体重心在前脚的内侧，不能后坐，在滑行中使双板的板尾打开呈"八"字形，髋部的重量均匀地分布在两支雪板上，双膝和踝关节内旋，以使两支雪板的内侧立起刻划于雪面，形成楔子嵌入雪面，加大阻力从而使自身下滑的速度减缓并最终停止。这种方法可以用来停止滑行、减速、控制滑行和转弯。

● 犁式滑降：将两支雪板后部向外推出，呈"八"字状，用两支雪板的内刃卡住雪而向下直线滑行。雪板八字角的大小，决定阻力的大小和滑行的快慢。这种方式主要是将滑降中的速度控制为匀速或减速，常用于减速和停止。

犁式转弯

犁式转弯是利用雪板内刃实现转弯，两只雪板交替成为主动板，即为犁式连续转弯。

动作要领：犁式转弯是先呈犁式滑降姿态，向右转，重心放在左脚；向左转，重心放在右脚。转弯中，承担体重的雪板为主动板，另一只板为从动板。

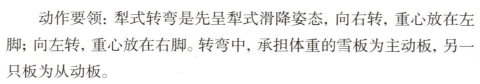

斜向滑行与侧向滑行

● 斜向滑行：斜向穿过滑雪道（斜坡）称为斜向滑行（或斜滑降）。在坡度很大的情况下，斜向滑行可以有效地控制速度。动作要领：双手握杖在身体前，胳膊放松，雪杖垂向身后，山上一侧的肩膀和臀部要扭向山下方向，膝盖微屈使雪板靠山上一侧的半刃嵌入山体（不至于横着下滑）。斜向前方滑行时，身体重心偏向山下板，双板是平行的。

● 侧向滑行：一种很有效的对付陡坡的技巧，可以向侧前方向和侧后方向滑行。动作要领：把山下板的板尾向山下方向推，重心在山下板上，双板同时横向平放于斜坡上，横着向下滑。需要停下时，双板同时以山上一侧板刃嵌入山体即可。

开放式平行转弯

开放式平行转弯的重心转换主要通过屈膝—引身来实现。下滑时，上半身面向滚落线，同时双膝略弯；转弯时，先轻点内弯侧雪杖，并引身向上，当身体落下时将重心落在外侧板上，然后将双膝向内侧扭动，扭动时尽量将外侧的膝盖置于另一只膝盖的后侧。由于双膝的带动，雪板也会向一侧滑，这时应逐渐伸直双腿并将双膝向内侧扭。

自我测试

基本内容		评价	掌握情况
滑冰	滑行	优	蹬冰动作熟练，滑行动作流畅，姿势优美
		良	蹬冰动作熟练，单双脚滑行较流畅，姿势较好
		中	基本掌握蹬冰动作，能够连续单双脚滑行
	速滑	优	滑跑姿势优美，熟练掌握滑行技术，能参加一定距离的比赛
		良	滑跑姿势较好，熟练掌握滑行技术，能连续滑行较远距离
		中	滑跑姿势一般，熟练掌握滑行技术，偶尔出现失误
滑雪	滑降	优	身体姿态优美，重心平稳，滑降速度较快
		良	身体姿态优美，重心基本平稳，滑降速度稍慢
		中	身体重心较平稳，速度较慢，偶有摔倒，但动作正确
	犁式转弯	优	动作准确，身体姿态优美，重心稳，速度较快
		良	动作准确，身体姿态优美，重心较稳，速度一般
		中	动作基本准确，重心较稳，偶有摔倒
	斜滑降与侧滑	优	能够较好地完成该动作，身体姿态优美
		良	能够完成该动作，身体重心较稳
		中	基本能够完成该动作，偶有摔倒，但动作正确
	开放式平行转弯	优	能够很好地完成该动作，身体姿态优美，重心稳
		良	能够完成该动作，身体重心稳
		中	能够完成该动作，偶有摔倒，技术动作不稳定，但能及时纠正

测一测

一、填空题

1. 磁北是_____，真北是_____。

2. 游泳比赛有_____、_____、_____、_____4种泳式。

3. 滑冰包括_____、_____、_____3类。

二、简答题

1. 户外运动的安全注意事项有哪些? 意外事故发生后应如何应对?

2. 参加冰雪运动前, 我们应该做好哪些准备工作?

学习评价　经过一段时间的学习, 你已取得了一定的进步, 请对自己学习户外运动、游泳运动和冰雪运动的表现、学习效果、健康行为的养成和体育精神的塑造作一个评价。

核心素养	评价内容	等级			
		优秀	良好	中等	有待提高
运动能力	掌握所学户外运动、游泳、冰雪运动基本知识、基本动作技术				
	掌握户外运动、游泳、冰雪运动的专项体能练习方法				
	能够制订和实施个人户外运动、游泳、冰雪运动的专项发展计划				
	能运用所学的动作技术进行展示或参加比赛				
	了解户外运动、游泳、冰雪运动的主要规则, 并在比赛中运用				
健康行为	能积极参加各种户外运动、游泳、冰雪运动, 并养成良好的锻炼习惯				
	能够在参加运动前进行有效热身, 运动后积极放松				
	重视户外运动、游泳、冰雪运动安全常规, 能安全地完成此项运动				
	能够预防和处理户外运动、游泳、冰雪运动中常见的运动损伤				
	能正确对待和处理比赛中的各种人际关系				
	能较快适应各种比赛环境				
体育精神	在展示或比赛中勇于克服困难, 表现出坚定、沉着、果敢、自信等良好品格				
	比赛中能够遵守比赛规则、尊重对手、尊重裁判				
	比赛中诚实守信, 具有公平竞争的意识和行为				
	在活动和比赛中能够团结队友、相互支持、相互鼓励				
	在活动和比赛中表现出负责任、敢担当、善担当的行为				

第十五章

民族民间传统体育运动

学习目标

● 了解常见的民族民间传统体育运动项目。

● 了解八段锦、五禽戏、毽球、铜梁龙舞的起源和发展，认识它们的文化价值和健身价值。

● 掌握八段锦、五禽戏的基本套路。

● 掌握毽球运动的基本技术动作和练习方法。

● 通过对民族民间传统体育运动项目的习练，加深对中华传统健身养生文化的理解，增强体质，丰富业余生活，增强文化自信，培养爱国情怀。

第一节　　　　八段锦

一、认识八段锦

据历史记载，八段锦始创于北宋时期，至今逾千年。古人将这套动作称为"锦"，比喻其动作舒展如锦缎一般飘逸、柔顺，为强身健体修习之精粹。八段锦由8个动作构成，属于中国古代传统导引术，它并不是一种拳术，而是一种濡养内劲的健身功法。八段锦分为站势八段锦和坐势八段锦。站势八段锦又称为武八段，多为马步势或直立势，俗称北派，适合青壮年和体力充沛者修习；坐势八段锦又称为文八段，多用坐势，注重凝神行气，适合老年人或体弱者修习。

我国民族民间传统体育运动项目

我国民族传统体育活动多与宗教、劳动生产紧密结合，又是纪念英雄、表达爱情和庆祝民族节日的重要活动内容。例如，傣族"泼水节"的赛龙船、丢沙包、放高升，白族"三月节"的赛马，彝族、哈尼族"火把节"的摔跤，藏族"射箭节"的射箭，傈僳族"刀杆节"的"上刀山、下火海"，苗族"耍花山"的倒爬竿、跳芦笙和穿花衣花裙赛跑，瑶族的抛绣球，景颇族的"目脑纵歌""打汤蝶"，佤族的"跳木鼓"和"鸡棕陀螺"，纳西族的"东巴跳"，拉祜族的"阿莫朵"和"阿浅"，阿昌族的"刀术"，基诺族的"顶竹竿""踩高跷""打泥弹弓"，怒族的"溜索"，普米、独龙等族的"射弩""打火药枪"，布朗族的"布朗球"等。民间传统体育运动多为强身健体、娱乐，如陀螺、秋千、毽子、武术、舞龙等。

民族民间传统体育大多是将技巧和娱乐融为一体，伴以歌舞和音乐的表演活动。

八段锦的功法特点

动作特点："功架"正，"招式"圆，整套动作柔顺舒展、松紧相宜。

呼吸特点：初学阶段，以自然呼吸为主，不刻意追求呼吸与动作的配合；动作熟悉阶段，可以采用逆腹式呼吸，即吸气时收腹、膈肌上升，呼气时膈肌下降、松腹。与动作结合时遵循起吸落呼、开吸合呼、蓄吸发呼的呼吸原则。

意念特点：修习八段锦不要求意守，而是要想象所要完成动作的过程。在学习的初期，意念主要集中在动作要领和动作规格上，要求动作正确、动作运行线路准确；在熟悉提高阶段，意念活动集中在动作的风格特点和呼吸的配合上，动作外形由紧到松，做到形与神和，意与气和，逐渐达到功法自然流畅，动作灵活圆润。

习练八段锦的益处

八段锦动作优美、柔和、舒展，可以使身体得到很好的放松，使身体的筋脉得到拔伸，从而达到柔筋健骨、内劲充实的功效。八段锦属于中等强度的有氧运动，可以有效改善呼吸循环系统，提高肺活量和心脏每搏输出量。

习练八段锦时要求身体重心上下起伏、左右不断转换、动作连贯，并以脊柱为核心，牵动全身。这样能极大地改善脊柱所支配的神经组织，调节神经系统、消化系统以及运动系统，使身体健康水平得到全面提升。

二、学习八段锦

基本手型

握固　　　　　爪　　　　　掌　　　　　八字掌

基本步型

马步

八段锦动作讲解与动作分解图

预备势

动作一　　　　　动作二

第一式　两手托天理三焦

动作一　　　动作二　　　动作三　　　动作四

本段重复做六遍。

第二式　左右开弓似射雕

| 动作一 | 动作二 | 动作三 | 动作四 | 动作五 | 动作六 | 动作七 | 动作八 |

本段一左一右为一遍，共做三遍。

第三式　调理脾胃须单举

| 动作一 | 动作二 | 动作三 | 动作四 |

本式一左一右为一遍，共做三遍。

第四式　五劳七伤往后瞧

| 动作一 | 动作二 | 动作三 | 动作四 | 动作五 | 动作六 |

本式一左一右为一遍，共做三遍。

第五式　摇头摆尾去心火

| 动作一 | 动作二 | 动作三 | 动作四 | 动作五 | 动作六 | 动作七 | 动作八 |

本式左右共做三遍，做完三遍后，身体重心再向左移，右脚收回，双脚成开立步，距离约与肩同宽，同时两掌经外两侧上举，掌心相对，平视前方。

第六式　两手攀足固肾腰

| 动作一 | 动作二 | 动作三 | 动作四 | 动作五 |

本式共做六遍，做完六遍后，松腰沉髋，重心下降，两掌由内沿脊柱两侧朝下摩运至臀部，上体随之前俯，两掌继续沿腿后向下摩运，过脚两侧置于脚面，抬头，稍停，目视前下方，然后恢复。

第七式　攒拳怒目增气力

| 动作一 | 动作二 | 动作三 | 动作四 | 动作五 | 动作六 | 动作七 | 动作八 | 动作九 |

本式做三遍，做完后双臂自然下垂，双脚并拢，放松。

第八式　背后七颠百病消

一起一落为一遍，共做七遍。

收势。

| 动作一 | 动作二 |

| 动作一 | 动作二 | 动作三 |

自我测试

内容	等级	评价
精神面貌	优	神态自然，意识集中，速度适宜
	良	神态较自然，精神较专注，有节奏感
	中	神态能放松，能集中注意力，动作节奏基本连贯
动作的准确性和熟练性	优	动作到位，姿态正确、协调
	良	动作基本到位，动作线路基本准确
	中	能够完成整套动作，有一定的协调性，较为熟练
动作的力度和一致性	优	动作运劲顺达，气贯全身，意气顺畅
	良	动作力度和意气较为流畅
	中	动作有一定力度，但意气不够顺畅
动作的优美性	优	整套动作舒展、松柔、松静自然
	良	整套动作较为舒展大方，较为顺畅
	中	整套动作基本能展示八段锦的特点，基本顺畅

第二节　　　　五禽戏

一、认识五禽戏

五禽戏又被称为"五禽操""五禽气功""百步汉戏"等，为我国民间广为流行的健身方法之一。五禽戏是华佗根据古代导引、吐纳之术，模仿虎、鹿、熊、猿、鸟5种动物的动作，并结合人体的经络、脏腑、气血、穴位等中医理论编创的一套功法。

习练五禽戏的益处

按照中国传统医学脏腑学理论，五禽戏中每一禽类对应某一脏器，修习锻炼对应的脏器。由"五禽五脏对应关系"看，虎、鹿、熊、猿、鸟5种动物分属于木、水、土、火、金五行，对应肝、肾、脾、心、肺五脏。

五禽戏的功法特点

简单易学，安全可靠。五禽戏动作简单、左右对称、均衡发展，既可以整套练习，也可以分开练习其中某一式动作；其次，在熟悉动作以后，应按照起呼落吸的练功规律，进行内外合一、以意运气、以气运身的修习。

活动关节和拔伸筋骨。五禽戏的动作展示了身体躯干的整体运行，包括前俯、后仰、侧屈、提落、开合、升降等各种不同的姿势，可以有效地锻炼脊柱和身体各主要关节，增强脊柱和各大关节的灵活性和伸展性。

内引外导，疏通气血和脉络。五禽戏是一种模仿动物姿势，以肢体进行运行变化的动功。它主要根据形体升降、开合，以气养神、气贯全身、血脉通畅，达到强身健体的目的。

二、学习五禽戏

基本手型

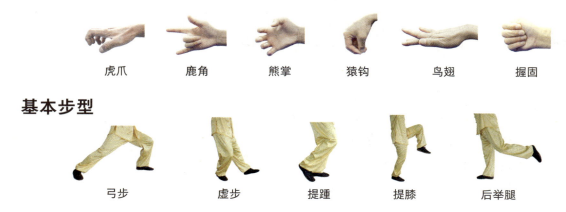

虎爪　　　鹿角　　　熊掌　　　猿钩　　　鸟翅　　　握固

基本步型

弓步　　　虚步　　　提踵　　　提膝　　　后举腿

预备势

动作一　　　动作二　　　动作三　　　动作四

虎戏

第一式　虎举

动作一　　动作二　　动作三　　动作四　　动作五　　动作六

重复此套动作三遍后，双手自然垂于体侧，目视前方。

第二式　虎扑

动作一　　动作二　　动作三　　动作四　　动作五　　动作六　　动作七

动作八　　动作九　　动作十　　动作十一　　动作十二　　动作十三　　动作十四

重复此套动作三遍后，双手自然垂于体侧，目视前方。

鹿戏

第一式　鹿抵

动作一　　　动作二　　　动作三　　　动作四　　　动作五　　　动作六

重复此套动作三遍后，双手自然垂于体侧，平视前方。

第二式　鹿奔

动作一　动作二　动作三　动作四　动作五　动作六　动作七　动作八　动作九　动作十

重复此套动作三遍后，双手自然垂于体侧，目视前方。

熊戏

第一式　熊运

动作一　　动作二　　动作三　　动作四　　动作五　　动作六　　动作七

重复此套动作三遍后，双手自然垂于体侧，目视前方。

第二式　熊晃

动作一　　动作二　　动作三　　动作四　　动作五　　动作六

动作七　　动作八　　动作九　　动作十　　动作十一　　动作十二

重复此套动作三遍后，双手自然垂于体侧，目视前方。

猿戏

第一式　猿提

| 动作一 | 动作二 | 动作三 | 动作四 | 动作五 |

| 动作六 | 动作七 | 动作八 | 动作九 |

重复此套动作三遍后，双手自然垂于体侧，目视前方。

第二式　猿摘

| 动作一 | 动作二 | 动作三 | 动作四 | 动作五 |

| 动作六 | 动作七 | 动作八 | 动作九 | 动作十 | 动作十一 | 动作十二 |

重复此套动作三遍后，双手自然垂于体侧，目视前方。

鸟戏

第一式　鸟伸

| 动作一 | 动作二 | 动作三 | 动作四 | 动作五 | 动作六 |

| 动作七 | 动作八 | 动作九 | 动作十 | 动作十一 | 动作十二 |

重复此套动作三遍后，双手自然垂于体侧，目视前方。

第二式　鸟飞

| 动作一 | 动作二 | 动作三 | 动作四 | 动作五 |

| 动作六 | 动作七 | 动作八 | 动作九 | 动作十 |

重复此套动作三遍后，双手自然垂于体侧，目视前方。

第三式　收势

引气归元

| 动作一 | 动作二 | 动作三 | 动作四 | 动作五 |

自我测试

内容	等级	评价
精神面貌	优	具备五禽神态，展示出整套动作神韵
	良	基本具备五禽神态，精神较为专注
	中	能初步模仿出五禽的动作神气，注意力较为集中
动作的准确性和熟练性	优	五禽各种动作到位，姿态正确，动作协调
	良	基本动作到位，五禽动作模仿较为准确
	中	能够完成整套动作，个别动作模仿不够准确

内容	等级	评价
动作的力度和一致性	优	充分展示五禽动作的劲力和神意运行
	良	基本能展示整套动作的劲力, 神气结合较好
	中	能够展示整套动作的劲力, 动作具有一定的流畅性
动作的优美性	优	充分展示出五禽动作的特征, 整套动作舒展、柔顺
	良	基本展示出五禽动作的特征, 动作较为顺畅、大方
	中	能展示整套动作的基本特点, 动作具有一定的流畅性

第三节　　毽球运动

一、认识毽球运动

毽球运动是由我国古老的民间踢毽子游戏演变而来的。踢毽子是我国特有的体育活动, 距今已有2 000多年的历史, 是一项历史悠久、流传很广的民间传统体育活动。

毽球运动的特点

毽球运动是对踢毽子的发展与提高, 它集足球的基本技术、排球的战术意识、羽毛球的步伐移动及场地要求于一体, 融趣味性、健身性、对抗性、观赏性于一身, 所需场地设施简单, 适合人群广泛, 开展方式多样, 深受广大群众的喜爱。

参与毽球运动的益处

毽球运动是一项全身运动, 可使颈部、腰部及下肢的关节、肌肉、韧带都得到锻炼; 长期踢毽球可使全身, 特别是腿部各关节富有弹性、灵活性, 大脑反应灵敏, 全身动作协调自如, 增强心肺系统功能。

对从事久走、攀爬类工作的人而言, 踢毽球是一项很好的锻炼方法。青少年经常参加毽球运动, 可以提高神经系统的兴奋性, 集中注意力, 还能增强记忆力。

毽球
由4根白色或彩色鹅翎成十字形插在与垫子连在一起的橡胶毛管内构成, 其高度为13～15厘米, 重量为13～15克

球鞋
专用毽球鞋, 鞋底较宽、防滑性强, 鞋内侧附有耐磨且有弹性的橡胶帮垫。短帮, 便于脚踝活动

柔韧性
毽球运动要求最大限度地拉伸腿部, 增加击球点的高度, 因此对腿部柔韧性要求较高

比赛服装
比赛时, 必须穿统一颜色和样式的服装, 前后印有号码

毽球运动的分类

根据比赛方法不同，毽球运动分为网毽运动、花毽运动和平推毽球运动3个项目。网毽比赛分为男子单人赛、女子单人赛、男子双人赛、女子双人赛、混合双人赛、男子三人赛和女子三人赛7个小项；花毽比赛分为男子个人规定套路、女子个人规定套路、男子个人自选套路和女子个人自选套路4个小项；平推毽球分为男子三人赛、女子三人赛和混合三人赛（每队至少有一名女队员在场上比赛）3个小项。

网毽运动

团体、双人、混合双人赛场地长11.88米，宽6.10米；单人赛场地长11.88米，宽5.18米。网毽比赛隔网相争，在3人赛中，每队上场3人，由主攻手、副攻手及二传手组成。

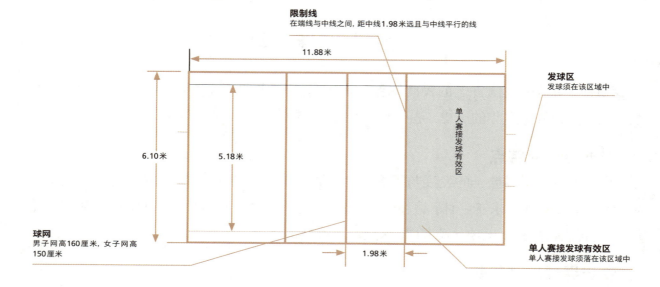

比赛采用三局两胜制。团体赛每局21分，其他比赛每局15分；先得21分或15分（须领先对方2分）的队或队员胜一局。比赛中出现20平或14平时，两队轮换发球，直至领先对方2分结束比赛。

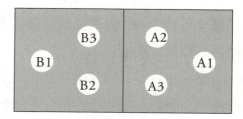

比赛中队员站位

花毽运动

　　花毽运动还有个富有诗意的名字——翔翎。花毽集观赏性、娱乐性、趣味性、健身性和竞争性于一体，主要用下肢做接、落、跳、绕、踢等技术动作，通过抬腿、跳跃、转身、蹲、起等动作进行展示。花毽的基本踢法有盘踢（足内侧踢）、磕踢（膝盖踢）、拐踢（足外侧踢）、绷踢（足尖外三趾踢）4种。踢花毽可单人踢、双人踢、多人踢，运动量可大可小，易于开展。特别是多人合踢，各种踢法轮番上阵，大家齐心协力尽量让毽子不落地，在玩的过程中既享受了健身锻炼的乐趣，同时又培养了团队精神。

二、学踢毽球

发球

发球是比赛的开始, 好的发球, 既可直接得分, 也可破坏对方一传, 为防守和反击创造有利条件。常用的发球技术有脚内侧发球、正脚背发球、脚外侧发球和扫发球4种。

● 脚内侧发球: 持球抛脚前, 抬腿加转髋, 脚内侧加力送推球。

● 正脚背发球: 持球抛脚前, 伸膝绷脚面, 抖动加力击出球。

● 脚外侧发球: 持球抛脚前, 抬腿踝外翻, 外侧加力击出球。

● 扫发球: 持球前上抛, 抬腿至高点, 转体抖踝击出球。

毽球运动热身

在毽球运动前应做下肢柔韧性练习。

①压踝关节练习: 坐于地上, 屈膝外展, 脚掌相对, 两手握住踝关节, 上体尽量前压。保持30秒以上, 反复练习。

②直腿体前屈: 身体尽量贴近腿部, 手握住脚踝。保持30秒以上, 反复练习。

③向上踢腿练习: 双腿交替进行, 重复练习。

| 脚内侧发球正面 | 脚内侧发球侧面 | 正脚背发球 | 脚外侧发球 | 扫发球 |

练一练
①以找准触球点为目的对墙发球。
②以控制球线路为目的隔网发球。
③以控制球落点为目的隔网发球。
④可进行一人发多球练习, 也可进行双人对发球练习。

踢球

● 脚内侧踢球: 左脚支撑身体, 右脚大腿带动小腿屈膝上摆, 同时髋外展、外旋, 小腿向上摆, 击球的一刹那踝关节内侧端平, 用脚弓内侧把球向上踢起。

| 脚内侧踢球 | 脚外侧踢球正面 | 正脚背踢球 |

● 脚外侧踢球: 左脚支撑身体, 右脚大腿带动小腿屈膝上摆, 髋关节外展、内旋, 小腿向体外侧上摆, 击球的一刹那勾足尖, 踝关节外侧端平, 用脚外侧把球向上踢起。

● 正脚背踢球: 大腿带动小腿屈膝向前摆, 脚背绷直, 击球时小腿加速前摆或向上踢起。

练一练

①脚内侧踢球、脚外侧踢球和正脚背踢球任意交叉编组，成套练习。

②单人练习，由原地练习向行进间练习过渡。

③可双人对踢或一抛一踢练习，也可以用接发球的方式进行练习，逐步掌握接踢来球的技巧。

触球

● 腿触球：左脚支撑身体，右腿屈膝，大腿带动小腿上摆，当球下落到略低于髋部时，用大腿的前半部分触球。

● 胸腹触球：对准来球线路，屈膝半蹲，根据球的高度使用胸或腹触球，当球接触身体瞬间挺胸或顶腹，使球轻轻弹出。

● 肩触球：两脚自然开立，对准来球，当球来到肩前10厘米处时，肩稍后拉迅速前摆用肩部击球。

● 头触球：两脚自然开立，当球来到头前10厘米处时，两脚蹬地，同时颈部稍紧张向前伸头，用前额触球。

腿触球　　胸腹触球　　肩触球　　头触球

练一练

①单人自抛自触练习。

②双人互抛触球练习。

③多球一抛二触（轮流进行）练习。

④结合踢球进行上述练习。

⑤双人踢球、触球练习。

传球

传球技术在接发球、一传和二传组织进攻及防守组织反击中起着串联的作用，是组织各种进攻战术的基础。

一般传球都采用脚内侧踢球技术，根据落点不同，适当调整击球角度和高度，可传出向前、向后以及侧面的球。

传球

练一练

①单人自传踢各种不同高度、方向和落点的球。

②双人互传踢各种不同高度、方向和落点的球。

③三人或多人传踢各种不同高度、方向和落点的球。

④对准不同高度和距离的特定标志传球，可定时计数，也可定数计时，反复练习。

自我测试

成绩/分 项目　标准/个	30	29	28	27	26	25	24	23	22	21	20	19	18	16	14	12	10	9	8	6	4	2
踢　球	30	29	28	27	26	25	24	23	22	20	18	16	14	12	10	8	7	6	5	4	3	1
一踢一触球	15		14		13		12		11		10		9		8	7	6	5	4	3	2	1

第四节　　　　　龙舞

一、认识铜梁龙舞

中华民族自称"龙的传人"。自古以来，龙在中华儿女心目中是神圣和吉祥如意的象征。远古时代，人们为了庆祝、祈福、祭祀等举行的扎龙、舞龙等活动，作为一项民间传统体育运动，一代一代流传下来。铜梁龙舞经过多年的沉淀，形成了自己独特的艺术风格。铜梁龙舞集音乐、美术、舞蹈、手工工艺于一身，加上龙舞龙灯品种繁多、舞龙场面大气热烈、舞龙动作大开大合、技能技巧高超，在全国各大龙舞品种中脱颖而出。2006年铜梁龙经国务院批准列入第一批国家级非物质文化遗产名录。

参加龙舞运动的益处

速度、力量、耐力、柔韧是龙舞运动的最基本要求，特别是队员在舞龙时手持道具做各种组合动作，能极大地锻炼身体的平衡能力和动作协调性。经常参加龙舞运动对长期保持一种身体姿势的职业人员来说，具有改善身体机能和保持身心健康的作用。

龙舞是一项集体运动，要求全体队员密切配合，否则整个套路会出现重大失误甚至完全停止，所以参加龙舞运动可以培养运动员强烈的集体主义精神和协作能力。

以竞技龙为代表的龙舞项目，要求队员动作精益求精，且在运动中不得出现头发、服饰松散掉落等情况，因此参加此项运动可以培养运动员注重细节、一丝不苟的工匠精神。

铜梁龙舞的种类

根据道具不同，铜梁龙舞分为龙灯和花灯两个大类。龙灯以运动玩舞为主要表现形式，花灯以舞蹈、道具展示为主。现流传的种类有大蠕龙、竞技龙、火龙、水云龙、荷花龙、稻草龙、滚地龙、竹梆龙、正龙、板凳龙、黄荆龙、小彩龙、龙凤呈祥、鲤鱼跳龙门、猪啃南瓜、泥鳅吃汤圆、开山虎、三条鲶、雁塔题名等。

所有龙舞套路均配有背景音乐，要求龙舞动作要与音乐节奏、意境相配合。

大蠕龙

竞技龙

火龙

荷花龙

铜梁竞技龙

铜梁竞技龙是一项体育竞技项目，它对龙舞道具长度、质量、直径、龙舞套路编排、动作难度分值等都有统一评分标准。1994年铜梁竞技龙具被国家体委指定为比赛标准道具，铜梁竞技龙舞套路被国家体委指定为比赛标准套路，铜梁竞技龙正式成为全国运动会群众舞龙比赛项目。

二、学习铜梁龙舞

举把

动作要领：（以左手为例）左手握龙杆底端，肘关节外展，高度在胸部位置；右臂向上伸直握龙杆中上部，将龙杆竖直向上。

举把

换把

动作要领：起始动作为左手举把，左手握住龙杆底端往上举，同时右手放松让龙杆在手中向上滑动。当左臂向上举至最高处，左右手互换，右手握住龙杆底端往下拉，左臂保持向上举直，当右手向下拉至胸部位置时停止（换为右手举把姿势），即完成一个换把动作。

换把

舞龙

● 原地8字舞龙：起始动作为左手举把，左右手同时动作，让龙杆顶端沿顺时针方向在身体右前方画一个圆并回到起点，同时保持动作不停，左右臂胸前交叉，让龙杆顶端沿逆时针方向在身体左前方画一个圆并回到起点，左右圆连接形成一个横"∞"字，即完成一个原地8字舞龙动作。

原地8字舞龙

● 单侧8字舞龙：（以右单侧为例）起始动作为左手举把，左右手同时动作让龙杆顶端从右前上方运动到右后下方，保持动作不停，龙杆顶端继续运动到右前下方后复而向右后上方运动，到最高点后龙杆向右前方运动并回到起点，完成一个单侧8字舞龙动作。

单侧8字舞龙

舞狮

舞狮是一项历史悠久、独具民族特色的民间传统体育运动项目。舞狮运动是集武术、音乐、舞蹈、表演、竞技于一体的综合艺术。舞狮分为南狮和北狮两类。

南狮运动最早起源于南北朝时期，是我国南方的劳动人民在与自然搏斗的过程中逐步形成并自己总结创编而成的。本项目运用各种步形与步法，通过腾、挪、闪、扑、回旋、飞跃等高难度的动作演绎狮子喜、怒、哀、乐、动、静、惊、疑八态，具有强身健体、观赏娱乐、竞技等特色，是我国宝贵的民族文化遗产。

北狮运动的专项技术风格具有演绎故事主题明确、故事情节清晰、技术风格粗犷、技术难度较高等特点。作品的艺术欣赏价值体现了遵循传统、注重难美新、标准化和品牌化。

自我测试

内容	等级	评价
举把	优	双手握把位置准确
	良	双手握把位置较准确
	中	双手握把位置基本准确
换把	优	双手滑动换握时机准确
	良	双手滑动换握时机较准确
	中	双手滑动换握时机基本准确
原地8字舞龙	优	龙体运行轨迹流畅，无加速或停顿
	良	龙体运行轨迹较流畅，有较少加速或停顿
	中	龙体运行轨迹基本流畅，有较多加速或停顿
单侧8字舞龙	优	会滑把或举把，8字轨迹圆润
	良	基本无滑把或举把，8字轨迹有停顿
	中	无滑把或举把，8字轨迹不成形

测一测

一、填空题

1.八段锦的基本步骤包括_____、_____、_____、_____、_____、_____、_____、_____。

2.五禽戏的基本步骤包括_____、_____、_____、_____、_____。

3.毽球团体赛每局_____分，采用_____制，其他比赛每局_____分。

4.铜梁龙舞于_____年经国务院批准列入第一批国家级非物质文化遗产名录。

二、简答题

1.简述习练八段锦和五禽戏的功效。

2.网毽比赛设有哪些项目？

学习评价 | 经过一段时间的学习，你已取得了一定的进步，请对自己学习民族民间传统体育运动项目的表现、学习效果、健康行为的养成和体育精神的塑造作一个评价。

核心素养	评价内容	等级			
		优秀	良好	中等	有待提高
运动能力	基本掌握八段锦、五禽戏、毽球、龙舞的基本技术动作				
	能够制订和实施个人八段锦、五禽戏、毽球、龙舞的发展计划				
	掌握八段锦、五禽戏、毽球、龙舞的专项体能练习方法				
	能运用所学的动作技术进行展示或参加比赛				
	了解八段锦、五禽戏、毽球、龙舞的主要规则，并能在比赛中运用				
健康行为	能够在运动前进行有效热身，运动后积极放松				
	重视八段锦、五禽戏、毽球、龙舞的运动安全常规				
	能够预防和处理运动中常见的运动损伤				
	能正确对待和处理比赛中的各种人际关系				
	能较快适应各种比赛环境，养成良好的锻炼习惯				
体育精神	在活动和比赛中能够遵守比赛规则、尊重对手、尊重裁判，展现出良好的品德修养				
	在活动和比赛中诚实守信，具有公平竞争的意识和行为				
	在活动和比赛中能够展现尚武爱国、百折不屈的精神				
	在活动和比赛中表现出负责任、敢担当、善担当的行为				
	在习练和比赛中能够充分展现出对中华民族的文化自信				

学习水平评价

学习完本课程，请根据《中等职业学校体育与健康课程标准》确定的学科核心素养要求，进行学业水平综合评价。

核心素养	一级指标	二级指标	自我评价	同学评价	教师评价	家庭反馈
运动能力	基本运动能力	各项身体素质发展情况				
		制订体能锻炼方案情况				
		体能测量和评价方法掌握情况				
	专项运动能力	运动项目总体掌握情况				
		运动项目专项体能发展情况				
		运动项目技术与战术掌握情况				
		运动项目规则掌握情况				
		运动项目竞赛参与情况				
		运动项目的观赏与评价能力发展情况				
	职业劳动运动能力	职业体能的基本原理与主要方法掌握情况				
		制订职业体能锻炼方案情况				
		职业体能发展情况				
健康行为	体育锻炼的意识与习惯	实施体能锻炼方案情况				
		实施职业体能锻炼方案情况				
		每天不少于1小时体育锻炼达标情况				
	健康知识与健康技能	职业健康安全知识掌握情况				
		食品营养知识掌握情况				
		预防疾病的意识和能力				
		运动损伤的预防与处理掌握情况				
		应急避险的知识和方法掌握情况				
		护眼知识掌握情况				
	心理健康	不良情绪合理宣泄与倾诉方法掌握情况				
		缓解压力的方法掌握情况				
		有效应对心理障碍的方法掌握情况				
	情绪调控和社会适应	主动、诚恳、公平、谦虚、宽厚地与人交往				
		克制自己，宽容和理解他人				
		人际关系和谐程度				
		社会责任感				

核心素养	一级指标	二级指标	自我评价	同学评价	教师评价	家庭反馈
体育精神	拼搏进取	勇于挑战、不畏艰难				
		坚韧不拔、追求卓越				
		胜不骄、败不馁				
	公平竞争	公平参赛				
		遵守规则				
		服从裁判				
	诚信友善	品行端正				
		珍重友谊				
		珍惜荣誉				
	团队协作	责任意识				
		合作意识				
		团队意识				
		勇于担当				

填表说明:

①每一项根据实际情况分别进行自评、互评、教师评价和家庭反馈。

②评价涉及发展能力时,以学习前后的变量进行评价(正向为进步,负向为退步)。

③每一项评价等级分为优秀、良好、中等和有待提高。

参考文献

[1]中国大百科全书总编辑委员会.中国大百科全书[M].北京:中国大百科全书出版社,2004.

[2]杨桦,等.中国体育发展方式改革研究[M].北京:高等教育出版社,2016.

[3]李志刚,骆秉全.体育与健康[M].北京:人民教育出版社,2020.

[4]田慧.冰雪舞动话冬奥——冰雪运动知识入门[M].北京:北京体育大学出版社,2020.

[5]王石安.雪上运动[M].北京:人民体育出版社,2011.

[6]徐建方,高欢.成年人居家科学健身方法指导[M].北京:人民邮电出版社,2020.

[7]周西宽.体育基本理论[M].北京:人民体育出版社,2007.

[8]刘夫力.足球[M].北京:中国少年儿童出版社,2019.

[9]哈维尔·马略.足球体能周期训练设计[M].魏宏文,译.北京:北京科学技术出版社,2020.

[10]姜晓飞.体育与健康[M].北京:人民卫生出版社,2017.

[11]耿培新.体育与健康(南方版)[M].北京:人民教育出版社,2019.

[12]郑厚成.体育与健康(北方版)[M].北京:高等教育出版社,2019.

[13]毛振明.体育与健康(北方版)[M].北京:北京师范大学出版社,2017.

[14]田麦久.运动训练学[M].2版.北京:高等教育出版社,2017.

[15]孟刚.户外运动[M].北京:北京师范大学出版社,2008.

[16]许定国,落云柯,黄诚胤.大学体育与健康教程(微课版)[M].重庆:重庆大学出版社,2020.

[17]郭庆凯,秦宇阳,史友国.体育教学与体能训练[M].北京:中国纺织出版社,2018.

[18]国家体育总局青少年体育司,国家体育总局网球运动管理中心.中国青少年网球训练教学大纲[M].北京:北京体育大学出版社,2012.